③

이태형 ⓒ. 2009

초판 1쇄 발행 | 2009년 8월 5일
초판 2쇄 발행 | 2015년 1월 7일

지은이 | 이태형
그린이 | 카툰플러스
펴낸이 | 박정태
펴낸곳 | 사이언스주니어
주 소 | 413-120 파주시 파주출판문화도시 광인사길 161 광문각빌딩
전 화 | (031) 955-8787
팩 스 | (031) 955-3730
등록번호 | 제406-2014-000118호
HOME | www.kwangmoonkag.co.kr
Email | kwangmk7@hanmail.net

ISBN 979-11-954185-8-9 (74400)
ISBN 979-11-954185-5-8 (세트)

   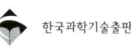 한국과학기술출판협회회원

값은 뒷면에 표기되어 있습니다.
저자와의 협의하에 인지는 붙이지 않습니다.
잘못된 책은 구입하신 서점에서 바꾸어 드립니다.

상상력을 깨우는 초등 과·수·원 01

별박사 이태형 선생님의 우주여행 이야기 ③

별난 선생님이 들려주는
우주견문록

이태형 글 | 카툰플러스 그림

사이언스주니어

저자의 말

천문학자가 되고 싶어 하는 어린이들에게

별과 우주에 대해 관심을 갖는 어린이들이 무척 많아지고 있습니다. 아마도 이 책을 읽는 독자들 중에는 장래 희망이 천문학자인 친구도 있을 것입니다. 하지만 부모님들 중에는 천문학자가 되는 것을 반대하는 분들이 많을 것입니다. 부모님들이 천문학자가 되는 것을 반대하는 가장 큰 이유는 천문학으로는 돈을 벌 수 없다는 생각 때문일 것입니다. 하늘을 본다고 밥이나 쌀이 나오지 않는다는 것이 대부분의 어른들 생각입니다. 하지만 여러분이 어른이 되었을 때쯤에는 지금과는 세상이 달라져 있을 것입니다.

과학의 발달로 인해 앞으로 수십 년 이내에 인간은 달과 화성에 기지를 건설할 것입니다. 그런 기지를 건설하고 우주여행을 하기 위해서는 천문학자들이 중요한 역할을 해야 합니다. 장래 희망은 현재의 직업을 보고 하는 것이 아니라 수십 년 후의 미래 세계를 보고 정하는 것입니다. 따라서 천문학자가 되겠다는 꿈이 결코 나쁜 것은 아닙니다. 하지만 여기서 꼭 생각해야 할 것이 있습니다. 단지 별이 멋있기 때문에, 별을 보는 것을 좋아하기 때문에 천문학자가 되겠다고 하는 것은 잘못된 생각입니다.

천문학자는 단지 별 보는 것을 즐기는 사람이 아닙니다. 어려운 수학 공식을 이용해 우주의 원리를 밝혀내거나, 하나의 별이나 은하만을 수십 년간 관찰해서 그 변화를 알아내는 것이 천문학자가 하는 일입니다. 천문학자들이 실제로 밤하늘에서 별을 직접 관찰하는 경우는 거의 없습니다. 천문학 이론을 연구하는 학자는 1년 중 밤하늘을 관찰하는 날이 거의 하루도 없을 것입니다. 관측을 담당하는 학자라도 직접 별을 보지는 않습니다. 단지 망원경과 연결된 컴퓨터 모니터로만 별의 물리적인 특징을 관찰할 뿐입니다.

고기 잡는 것이 좋다고 어부가 되지는 않습니다. 낚시꾼들은 각각 자기 소질에 맞는 직업에서 일합니다. 그리고 주말이나 휴가를 이용해서 낚시를 즐깁니다. 물론 낚시가 정말 좋아서 낚시터나 낚시가게를 하는 사람도 있을 것입니다. 하지만 그들이 어부가 되는 일은 아주 드뭅니다.

천문학도 마찬가지입니다. 별 보는 것이 좋은 사람은 아마추어 천문가가 되면 됩니다. 아마추어 천문가는 각기 다른 직업을 갖고 있지만 자신의 망원경을 갖고 주말이나 휴가를 이용해 별을 관찰하러 다닙니다. 별을 좋아하는 사람들 중에서 정말 별과 우주의 원리를 밝혀내고 싶은 사람이 있다면 천문학자가 되어도 좋습니다.

그런데 천문학자가 되기 위해서는 수학과 과학(특히 물리) 공부를 잘해야 합니다. 물론 컴퓨터를 다루는 실력도 아주 중요합니다. 또한 외국에서 공부를 해야 하기 때문에 외국어 실력도 필수입니다. 천문학은 고독하고 외로운 학문이지만 남들이 보지 못하는 세계를 탐구하고 느끼는 즐거움은 무척 큰 학문입니다. 관심 있고 소질 있는 어린이는 한번 도전해 보는 것도 좋습니다.

2009년 7월 이태형

차례

1부 우주개발 이야기 8

첫 번째 여행 인공위성과 우주선 10
지식나침반 로켓 추진의 원리
선생님과 채팅해요! 인공위성을 위협하는 우주 쓰레기는 어떤 것들인가요?

두 번째 여행 우주를 향한 꿈 24
선생님과 채팅해요! 우주복을 입지 않고 우주에 나간다면 어떻게 될까요?
아폴로 우주선의 달 착륙이 조작되었다는 이야기가 있는데 사실인가요?
달에는 엄청난 양의 에너지 자원이 있다고 하는데 그것은 무엇인가요?

세 번째 여행 우주정거장 44
선생님과 채팅해요! 우주정거장이 우주에서 날아오는 운석과 충돌해서 망가지는 일은 없을까요?
미래에는 어떤 우주정거장이 건설될까요?

네 번째 여행 인공위성 62
선생님과 채팅해요! 미래의 달 기지는 지하에 건설된다고 하는데 그 이유는 무엇일까요?
미래의 우주여행은 어떻게 될까요?

2부 우주인의 생활 78

첫 번째 여행 우주와 지구의 차이 80
선생님과 채팅해요! 물고기들은 무중력 상태에서 헤엄을 칠 수 있을까요?
인공 중력은 어떻게 만들 수 있나요?
달에서도 골프를 칠 수 있을까요?
중력과 만유인력
진공과 무중력

두 번째 여행 우주인의 생활 100
선생님과 채팅해요! 일반인도 우주여행을 할 수 있는 방법이 있나요?
우주에서도 멀미를 할까요?
우주정거장에서도 과자를 먹을 수 있을까요?

무중력 상태에서는 음식이 어떻게 소화가 되나요?
우주인들의 식탁에도 의자가 있을까요?
우주에서도 생일 케이크에 촛불을 켤 수 있을까요?

세 번째 여행 우주인 120
선생님과 채팅해요! 빛보다 빠른 우주선을 만들 수 있을까요?
미국의 우주비행사 선발 기준
일본의 우주비행사 응모 자격

3부 달력 이야기 136

첫 번째 여행 달력과 계절 이야기 138

두 번째 여행 달력과 계절 이야기 152
선생님과 채팅해요! 일반인도 우주여행을 할 수 있는 방법이 있나요?
우주에서도 멀미를 할까요?
COOK! COOK! 과학퀴즈 1900년, 1992년, 2200년은 각각 윤년일까요 아닐까요?
지식나침반 24절기
COOK! COOK! 과학퀴즈 24절기표
선생님과 채팅해요! 왜 1월 1일이 겨울에 있나요?
하루가 시작되는 시간은 처음부터 자정이었나요?
해시계를 만들어보면 시간이 정확하게 맞지 않는데 그 이유는?
우리나라에서는 언제부터 양력을 사용했나요?
하루가 점점 길어지고 있다는데 사실인가요?
가장 정확하게 시간을 재는 방법은 무엇이나요?
달력의 개정으로 없어진 날이 있다고 하던데요?
여름에는 덥고, 겨울에는 추운 정확한 이유는 무엇인가요?
우리나라의 4대 명절은 어떻게 정해지나요?
부활절(Easter), 핼로윈데이(Halloween day), 추수감사절(Thanksgiving day)은 어떻게 정해지나요?

우·주·견·문·록

1
우주개발 이야기

만화영화나 컴퓨터 게임을 통해 이제 우주는 어린이 여러분에게 더 이상 낯선 곳이 아닐 것입니다. 우리나라 최초의 우주인인 이소연 박사를 보면서 여러분 중에는 **미래에 우주비행사**가 되길 원하거나 **우주여행**을 꿈꾸는 사람도 많이 있을 것입니다. 현재의 과학기술이라면 수십 년 안에 외국을 여행하는 것처럼 달이나 다른 행성을 여행하는 것도 충분히 가능할 것입니다.

하지만 수백 년 전만 하더라도 지구를 벗어나 우주로 간다는 것을 상상하는 사람은 거의 없었습니다. 백여 년 전부터 우주여행을 다룬 SF 소설이 등장하고, 인류는 서서히 우주로 가기 위한 노력을 시작합니다. **인간의 꿈과 호기심**은 우주를 단지 바라보는 대상으로만 남겨두지 않았습니다.

별의별 우주견문록 1 첫 번째 여행

인공위성과 우주선

1957년 구소련이 최초의 인공위성인 **스푸트니크 1호**를 쏘아 올리면서 드디어 인간의 우주시대가 열리게 됩니다. 그리고 50년이 채 지나지 않은 지금, 인류는 과거 어느 누구도 상상하지 못했을 정도로 엄청난 우주 개발을 진행시켰습니다. 축구장보다 더 큰 우주정거장이 건설되고 있으며, 이미 인간이 만든 우주선은 명왕성 궤도를 지나 태양계 외곽을

스푸트니크 1호

1957년 10월 4일에 러시아(구소련)에서 발사된 인류 최초의 인공위성이다.

대기에 관한 여러 자료를 기록하고 전송할 수 있는 장치를 실은 스푸트니크 1호는 무게 83.6kg, 직경 58cm인 캡슐 형태로 바깥쪽은 알루미늄 합금으로 만들어져 있으며, 4개의 안테나가 달려 있다.

같은 해 11월에는 스푸트니크 2호가 발사되었는데, '라이카'라는 이름을 가진 개를 태워 보냈다.

향해 날아가고 있습니다.

앞으로 여러분이 어른이 되었을 때에는 우주를 여행하고, 우주에서 생활하는 것이 아주 당연한 일이 될 것입니다. 이 책에서는 인공위성과 우

화약
열, 전기 충격 따위의 가벼운 자극에 의하여 순간적으로 연소 또는 분해 반응을 일으키며 높은 온도의 열과 압력을 가진 가스를 발생시켜 파괴, 추진 따위의 작용을 행하는 화합물이나 혼합물을 통틀어 이르는 말.

로켓
우주 공간을 비행할 수 있는 추진 기관을 가진 비행체로, 연료를 태워서 만드는 고압가스를 내뿜어서 추진력을 얻는다. 로켓은 물체에 어떤 힘이 가해져서 작용이 생기면, 크기는 같지만 방향이 반대인 반작용이 생긴다는 작용·반작용의 법칙을 이용한다. 내뿜어지는 가스가 '작용'에 해당하고, 내뿜어지는 가스의 반대쪽인 위쪽으로 로켓을 미는 추진력이 '반작용'에 해당한다.

최초의 로켓
로켓이 발명된 시기는 정확하게 알려져 있지 않으나 최초로 로켓을 사용한 것은 중국이었다. 중국에서는 화약을 이용한 화살이라는 의미의 '화전'이 개발되어 무기로 사용되었다. 이러한 중국의 화전 제조 기술은 50년 후에는 유럽에 전해졌다. 로켓이라는 이름은 쏘아 올리는 불꽃을 뜻하는 이탈리아어 로케타(rocchetta)에서 유래되었다.

주선이 만들어진 역사를 살펴보고, 다가올 우주여행 시대를 위한 기본적인 상식을 알아보기로 하겠습니다.

로켓의 개발

땅에서부터 약 100km 위의 하늘을 가리켜 우주라고 부릅니다. 100km를 넘어서면 공기가 희박하기 때문에 일반 비행기로는 여행이 불가능합니다. 공군 전투기가 날 수 있는 고도도 채 50km가 되지 않습니다. 따라서 인간이 우주 밖으로 나가기 위해서는 로켓이 유일한 방법입니다.

역사적으로 로켓은 **화약**을 발명한 중국에서 처음 발명되었으며, 13세기 몽고군이 최초로 전쟁의 수단으로 이용했다고 합니다. 그 후 로켓은 유럽으로 전파되어 19세기에는 전쟁의 중요한 무기가 되었습니다. 그렇다면 **로켓**과 일반 비행기는 무엇이 다를까요? 연료를 태워서 그 추진력으로 날아가는 것은 로켓이나 일반 비행기가 똑같습니다. 그렇다면 무엇이 다를까요? 공기 속을 날아가는 일반 비행기는 연료만 있으면 되지만, 공기가 없는 우주를 날아가는 로켓에는 연료를 태울 수 있는 산소가 별로도 필요하다는 것입니다. 따라서 로켓에는 연료 통과는 별도로 연료를 태울 수 있는 산소(산화제)가 필요합니다.

로켓 개발의 공로자들

1903년, 미국의 라이트 형제에 의해 최초의 비행이 성공한 이후 본격적인 우주여행을 위한 로켓 개발이 시작되었습니다. 로켓이 개발되는 데까지는 많은 숨은 공로자들이 있었는데 그중 가장 잘 알려진 네 명의 선구자를 소개하겠습니다.

먼저 로켓의 아버지로 불리는 러시아의 치올코프스키(Konstantin E. Ziolkovsky, 1857~1935)입니다. 그는 로켓이 공기가 없는 진공 속에서도 비행할 수 있다는 것을 밝혀내고, 인공위성이 비행할 수 있는 원리 및 여러 가지 우주비행을 위

라이트 형제

세계 최초로 동력 비행기를 만들었다. 1896년에 라이트 형제는 릴리엔탈이 글라이더 비행 중에 추락사했다는 소식을 듣고 비행기에 관심을 갖게 되었다. 그리고 꾸준한 연구를 거듭한 결과 1903년에는 세계 최초의 동력 비행기인 플라이어호를 만들었고, 59초 동안 260m를 나는 기록을 세웠다. 비록 비행시간이 59초에 그쳤지만 라이트 형제의 비행은 이후의 항공시대를 여는 첫걸음이 되었다.

치올코프스키

세계 최초로 로켓을 이용한 우주 비행 이론을 확립한 러시아의 물리학자이다. 열 살 때 청력을 거의 잃고 혼자서 과학, 수학, 물리학 등 자연과학을 공부했다.
후에 시골학교의 교사가 된 치올코프스키는 1903년에 세계 최초로 반작용 추진 장치인 로켓의 비행원리를 다룬 논문을 발표했다. 그는 이 논문을 통해 로켓을 이용한 우주 공간에서의 비행에 대한 연구를 설명했다.

한 기본 공식을 만들었습니다. 또한 액체 로켓의 엔진과 우주비행에 필요한 생명 유지 장치 등에 대한 연구도 많이 진척시켰습니다.

다음은 미국의 고다드(Robert H. Godard, 1882~1945)입니다. 역시 근대 로켓의 아버지로 불리는 위대한 과학자였습니다. 1920년에 그는 로켓을 이용하여 달에 갈 수 있다는 것을 발표하기도 했지만 당시에 그의 말을 인정하는 사람은 거의 없었습니다.

고다드는 이론 연구뿐 아니라 실제로 1926년 3월 16일에 세계 최초로 액체 로켓의 비행 실험에 성공하기도 했습니다. 비록 이 로켓은 고도 12m의 높이에서 2.5초간 약 56m를 날아가긴 했지만 가솔린과 액체 산소를 이용한 현대식 로켓의 첫 성공이었습니다. 고다드는 그 후 보다 개선된 액체 로켓을 개발하는 데 온 정열을 바쳤습니다. 치올코프스키나 고다드는 몸이 약해 정상적인 학교 교육을 받기 어려웠지만 피나는 노력을 통해 남들이 생각하지 못한 로켓 연구에 평생을 바친 위대한 과학자들입니다.

세 번째로 소개할 사람은 독일의 오베르트(Hermann Oberth, 1894~1989)입니다. 그는 중학교 때 이미 SF소설을 통해 우

고다드

로켓의 아버지로 널리 알려진 미국의 과학자이자 발명가이다. 1926년에 세계 최초로 액체 연료를 사용한 현대적 개념의 로켓을 쏘아 올렸다. 이 로켓은 높이가 약 1m, 폭은 약 75㎝로 매우 작은 것이었고, 가솔린과 액화 산소에 의한 3단식 추진 장치를 갖추고 있었다. 비록 이 로켓은 약 2.5초 동안 56m를 비행하는 데 그쳤지만 우주 탐험의 새로운 가능성을 제시한 중요한 실험이었다.

액체 산소

액체 공기의 온도를 서서히 올려 질소나 아르곤 등 산소보다 끓는점이 낮은 다른 혼합 액화 가스를 분리시키고 나면 액체 산소를 얻을 수 있다. 산소만 순수하게 완전히 분리할 수는 없고, 약간 혼합되어 있는 경우가 많다. 끓는점은 -183℃이며 약간 푸르스름한 빛깔을 띤다. 유기물은 액체 산소 속에서 폭발적으로 연소한다. 액체 산소는 금속을 산소 용접할 때나 산소 호흡 등에 쓰인다.

오베르트

독일의 로켓공학자로 우주여행의 기초적 이론을 확립하였다. 오베르트는 1923년에 《행성간 우주로의 로켓》을 발간하였는데, 이 책을 통해 로켓이 인간을 우주로 보낼 수 있음을 증명했다. 또한 제2차 세계대전 중에는 제자인 폰 브라운과 함께 V-2 로켓을 개발하였다.

주비행에 대한 꿈을 갖기 시작했고, 평생을 우주비행 연구에 바쳤습니다. 그가 썼던 로켓과 우주여행에 대한 논문들로 인해 우주여행에 대한 기초가 확립되었고, 많은 사람들이 우주비행에 대한 관심을 갖게 되었습니다. 그 결과 1927년 독일에서 세계 최초의 민간 우주비행협회가 만들어졌고, 그는 이 협회와 함께 액체 산소와 가솔린을 이용한 '미라크'라는 이름의 액체 로켓을 개발하기도 했습니다.

끝으로 독일의 **폰 브라운**(Wernher von Braun, 1912~1977) 박사를 소개합니다. 그는 중학교 시절 오베르트가 쓴 《행성간 우주로의 로켓》을 읽고 우주공학자가 되

기로 마음먹고, 수학과 물리학 공부에 매진하였습니다. 그리고 대학생이 되어 독일 우주비행협회에 가입하여 세계 최초의 탄도미사일인 V-2 로켓을 개발하였습니다. V-2는 고도 100㎞ 위로 날아간 인류 최초의 우주 로켓입니다. 그는 전쟁 후에 미국으로 건너가 미국 최초의 인공위성을 발사하기도 했고, 달탐사선을 발사하는데 사용된 새턴 V(5)형 로켓을 만든 훌륭한 우주공학자입니다.

위대한 선구자들로 인해 로켓을 이용한 우주 개발은 서서히 다가오고 있었습니다. 비록 알아주는 사람은 별로 없었지만 자신의 꿈을 이루기 위해 평생을 굳건히 노력한 이런 분들 때문에 역사는 발전하는 것입니다. 어린이 여러분도 자신의 꿈을 위해 최선을 다한다면 큰 업적을 남길 수 있을 것입니다.

우주 로켓의 개발이 더욱 앞당겨질 수 있었던 계기는 제2차 세계 대전이었습니다. 독일은 우주비행협회에 자

폰 브라운

독일의 로켓과학자로 전쟁을 준비하던 히틀러와 협력하여 탄도미사일인 V-2를 개발했는데, 오늘날의 로켓은 모두 V-2에서 발전된 것이다. 독일의 패망 후 미국으로 건너가 미항공우주국(NASA)에서 미국의 로켓 기술을 발전시켰고, 이는 아폴로 우주선을 우주로 성공적으로 날리는 성과를 거두게 하였다.

V-2 로켓

제2차 세계대전 후반에 독일이 연합군을 무차별 공격하기 위해 개발한 로켓폭탄으로, 독일 육군에서는 A-4라고 불렀다. V-1과 같이 보복무기(Vergeltungswaffe) 2호의 머리글자를 따 이름을 붙인 V병기 시리즈 가운데 하나이다. 독일의 패전 뒤 미국으로 건너가 아폴로 계획을 주도한 브라운이 설계 책임자로 개발팀을 이끌었다. 유도기술 부족으로 명중률이 매우 낮았지만 탄도미사일의 원조라는 평가를 받는다.

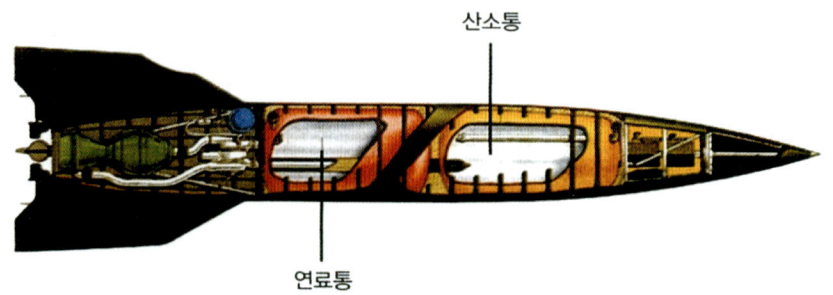

금을 제공하는 조건으로 V-2로 알려진 로켓 미사일을 개발하였습니다.

제2차 세계대전에서 독일이 패비한 후 V-2 로켓과 함께 많은 우주과학자들이 미국과 구소련으로 옮겨갔고, 이들을 통해 새로운 우주 로켓이 개발됩니다. 전쟁 이후에 미국과 구소련이 서로 앞을 다투며 로켓을 개발한 것은 로켓이 서로를 공격할 수 있는 미사일이 될 수 있었기 때문이었습니다.

로켓 추진의 원리

여러분은 학교에서 물을 뒤로 뿜어서 날아가게 하는 물로켓, 공기를 압축했다가 밀어내면서 날아가는 에어로켓, 그리고 화약을 터뜨려서 날아가는 화약로켓을 본 적이 있을 것입니다. 이 세 가지 로켓의 공통점은 무엇일까요? 바로 내뿜는 물질의 반대 방향으로 로켓이 움직인다는 것입니다. 이것이 바로 '로켓 추진 원리'입니다.

인공위성을 위협하는 우주 쓰레기는 어떤 것들인가요?

우주에도 쓰레기가 있을까? 사람이 살지 않는 우주에 쓰레기가 있고, 그 쓰레기가 인공위성을 위협한다는 말이 언뜻 이해되는 사람은 많지 않을 것입니다. 우주는 넓고 그곳에 버려진 쓰레기가 얼마나 될까라는 생각 때문일 것입니다.

1957년에 구소련이 최초의 인공위성인 스푸트니크를 발사한 이래 인류는 무려 6,000개 이상의 인공위성을 발사해 왔으며, 우주정거장 및 우주왕복선 등 유인 우주선을 계속해서 우주로 쏘아 올리고 있습니다.

수명이 다한 인공위성을 비롯하여 발사 로켓의 파편, 그리고 우주왕복선에서 떨어져 나온 부품 등 인간이 버린 우주 쓰레기는 몇 마이크론에서 몇 미터까지 그 크기도 다양합니다. 인위적으로 만들어진 이러한 우주 쓰레기들은 이제 우주에서 자연적으로 발생하는 운석의 수를 훨씬 능가하고 있고, 빠른 속도로 위성과 충돌할 위험성을 항상 내포하고 있어 문제가 되고 있습니다.

현재 우주 쓰레기의 밀도는 지상 1,000km 전후의 저궤도에 가장 밀집되어 있습니다. 200km 이하의 궤도에서는 공기 저항에 의해 우주 쓰레기들이 지상으로 떨어지기 때문에 그 이하까지 내려올 수는 없습니다. 정지궤도에서는 위성체들의 상대적인 움직임이 거의 없기 때문에 우주 쓰레기로 인한 위험성은 비교적 적습니다.

지구의 정지궤도는 적도 상공 3만 6,000km에만 있는 원궤도로, 위성이 지구의 자전 속도와 같은 속도로 지구를 자전하는 궤도입니다. 따라서 정지궤도의 위성은 지구에서 봤을 때 항상 같은 자리를 차지하고 있어 방송통신위성의 위치로 가장 적합하게 사용됩니다. 하지만 정지궤도의 자리가 한정되어 있기 때문에 각 나라마다 일정한 자리만을 제한적으로 배분받습니다. 수명이 다한 정지 위성은 그 자리에서 치워지고, 그 자리에 다른 위성이 그 역할을 대신하게 됩니다. 태평양 바다 위의 정지궤도에는 우리나라를

마이크론
기호는 μ이고, 1마이크론은 1mm의 1,000분의 1을 나타낸다. 1982년 4월부터 계량법 시행령이 개정됨에 따라 법정 계량 단위에서 삭제되어 점차적으로 사용을 금하고 있다. 현재는 마이크론 대신 마이크로미터를 사용하고 있다.

정지궤도
적도 상공 약 3만 5,800km의 원궤도. 이 궤도에 따라 서쪽에서 동쪽으로 도는 인공위성은 주기가 지구의 자전과 일치하기 때문에 지상에서는 우주의 한 곳에 정지하고 있는 것처럼 보인다.

비롯한 태평양 연안국들의 수명이 다한 위성들이 모여 있습니다. 이곳이 일종의 쓰레기 하치장이 되는 것입니다. 하지만 세월이 흐르면 이곳도 포화 상태가 될 것이고 또 다른 쓰레기 하치장이 필요할 것입니다.

최근 들어서는 저궤도 위성들도 수명이 다하면 윗부분의 다른 궤도로 옮겨 다른 위성에 방해가 되지 않게 하고 있습니다. 이러한 궤도를 쓰레기 궤도라고 하는데 이곳에 버려진 폐기 위성들이 수십 년 후 고도가 낮아져 다시 위협적인 존재가 될 수도 있습니다. 또한 쓰레기 궤도 자체가 포화 상태가 될 수도 있습니다. 우주왕복선 등을 이용하여 수명이 다한 위성 등 우주 쓰레기를 회수하는 방법도 있겠지만 그 양이 많아 현재의 자금과 기술력으로는 역부족일 뿐입니다.

우주 궤도에서 두 물체 간의 평균 속도 차이는 초속 10km에 달합니다. 이 정도의 속도로 충돌하게 된다면 아무리 작은 물체라도 인공위성이나 우주왕복선에 커다란 충격을 줄 수 있습니다. 실제로 인공위성의 태양전지판의 기능을 저하시키는 주된 원인의 하나가 바로 우주 쓰레기에 의해 구멍이 생겨서라는 조사 결과도 있습니다. 우주왕복선이 작업을 할 때 창고에 무심코 놓여져 있던 작은 클립이나 장갑, 호치키스 철심 등이 우주로 뿌려져 우주 쓰레기가 되기도 합니다. 작은 철심 하나로 수백억, 수천억 원이 들어간 위성이 망가진다는 것을 상상해 본다면 우주 쓰레기 문제가 앞으로 얼마나 심각한 것인지 알 수 있을 것입니다.

수십 년 이내에 인류는 우주 쓰레기 전쟁을 해야 할지 모릅니다. 옆집 대문 앞에 쓰레기를 몰래 버리는 사람들처럼 우주 얌체족이 나타날지도 모릅니다. 우주는 한정되어 있기 때문입니다. 우리나라도 이제는 장기적인 안목을 갖고 우주 쓰레기에 대한 대비책을 연구해야 할 것입니다.

태양전지

태양전지란 태양에너지를 직접 전기에너지로 바꾸는 장치를 말한다. 태양전지의 재료로는 규소(실리콘), 갈륨비소, 카드뮴텔루르, 황화카드뮴, 인듐인 또는 이것들을 복합한 것이 쓰인다. 보통 사용되고 있는 것은 실리콘이다. 인공위성에 태양전지를 쓰는 것은 우주에는 공기나 구름 등이 없어서 지표에 비해 태양에너지 양이 훨씬 많아 발전 효율이 높기 때문이다.

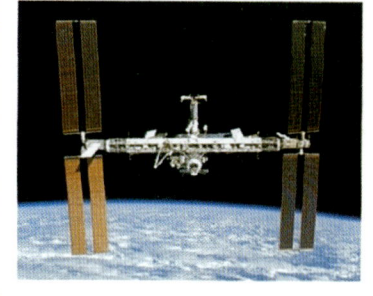

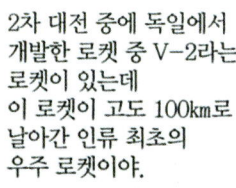

우주를 향한 꿈

1957년 10월 4일은 바로 인류 최초의 인공위성인 스푸트니크 1호가 쏘아 올려진 역사적인 날입니다. 러시아 말로 '길동무'를 뜻하는 스푸트니크 1호는 지름 58㎝, 질량 84㎏으로 구소련이 새롭게 개발한 A 로켓에 의해 발사되었으며, 지구 곳곳에서 그 모습을 볼 수 있었다고 합니다.

1957년은 세계가 정한 국제적인 지구 관측의 해로, 구소련은 이를 기

념하여 인공위성을 발사한 것입니다. 스푸트니크의 발사는 미국에게 커다란 충격을 주었으며, 구소련은 이를 통해 세계 제1의 우주 강국이라는 명성을 얻을 수 있게 되었습니다. 이 사건을 가리켜 미국은 '스푸트니크 충격'이라고 불렀습니다.

구소련은 1957년 11월 3일에는 살아 있는 개를 태운 스푸트니크 2호를 발사했습니다. 시베리안 허스키 종으로 '라이카'란 이름을 가진 이 개는 세계 최초로 우주여행을 하는 영광을 얻었지만 살아서 돌아올 수는 없었습니다. 스푸트니크 2호에는 지구로 귀환하는 장치가 없었기 때문입니다. 살아 있는 동물을 우주로 보냈다는 것은 놀랄 만한 역사적인 사건이었지만, 인간의 과학 발달을 위해 우주에서 죽어갔을 개의 모습을 상

라이카

구소련의 우주 개로, 최초로 지구 궤도에 진입한 생물이다. '라이카'는 '짖는 녀석'이라는 뜻으로, 본명은 쿠드랴프카이다. 모스크바 시내에서 길을 잃고 배회하고 있던 것을 구소련의 우주과학 관련자가 발견하여 데려왔다. 다른 두 마리의 개와 함께 우주 공간에서의 생물의 생존과 적응 여부를 조사하기 위한 각종 테스트와 훈련을 거쳐 1957년 11월 3일 스푸트니크 2호에 실려 발사되었다.

상하는 것은 결코 기분 좋은 일은 아닐 것입니다. 이 글을 읽는 친구들도 사진을 보면서 인간을 위해 죽어간 라이카의 명복을 빌어주세요!

그 후 1960년에 발사된 스푸트니크 5호에 실린 두 마리의 개는 무사히 살아서 돌아왔고, 최초로 우주에서 돌아온 동물이라는 영광을 얻게 되었습니다.

세계 최초의 우주인, 유리 가가린

1961년 4월 12일, 구소련은 또 한번 세계를 깜짝 놀라게 할 만한 사건을 선보였습니다. 바로 인류 최초의 우주인인 유리 가가린 소령을 태운 **보스토크 1호**가 발사되어, 지상 327㎞의 타원궤도를 따라 지구를 한 바퀴 돌고 무사히 귀환한 것입니다. 우주에서 지구를 바라봤을 때의 느낌이 어떠했을지 상상해 보셨나요? 요즘은 사진을 통해 지구의 모습을 흔히 볼 수 있지만 그 당시만 해도 우주에서 지구를 본다는 것은 거의 불가능한 일이었으니까요.

인류 역사상 최초로 우주 공간에서 지구를 바라본 가가린 소령은 "지구는 파랬다"라는 유행어를 만들기도 하였

보스토크 1호

러시아어로 '동방(東方)'이란 뜻을 가진 보스토크는 구소련이 발사한 세계 최초의 1인승 인공위성이다. 보스토크 1호는 본체의 무게가 4.725t으로 1961년 4월 12일에 유리 가가린이 탑승하여 사상 최초의 유인 우주비행을 실현하였다.

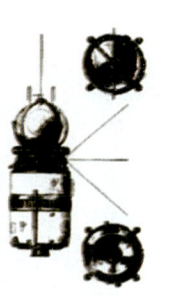

테레슈코바

구소련의 우주비행사. 여성으로서는 세계 최초로 우주선 보스토크 6호를 타고 보스토크 5호의 V. F. 비스코프스키와 그룹 비행을 하여 지구를 48바퀴 도는, 70.8시간의 비행을 하였다. 1963년 6월 16일, 최초의 여성 우주비행사가 된 발렌티나 테레슈코바(당시 26세)는 "여기는 갈매기. 기분 최고!"라는 말로 우주에서의 감동을 전했다.

알렉세이 레오노프

구소련의 우주비행사로, 세계 최초로 우주선 바깥으로 나가 우주 유영에 성공했다. 레오노프와 벨야예프(Pavel B. Belyayev, 1925~1970)가 탑승한 2인승 보스호트 2호가 지구를 한 바퀴 돌고 두 번째로 구소련 상공을 통과할 때 레오노프는 우주선의 해치를 열고 나가 우주 공간에서 10분간 머물렀다. 4.6m 길이의 밧줄로 자신을 우주선에 연결했으며 강력한 태양열로부터 보호하기 위해 특별 장비를 갖춘 우주복을 입고 있었다. 구소련과 유럽의 시청자들은 텔레비전으로 레오노프가 우주선 밖으로 나와 우주 공간에서 유영하는 모습을 숨죽이며 지켜보았다.

습니다. 가가린은 최초의 우주인으로 러시아 최고의 영웅이 되었으며, 40여 년이 지난 지금도 러시아 곳곳에서 가가린을 기린 동상과 전시관을 볼 수 있습니다. 하지만 실제로 가가린 소령이 보스토크 1호를 조종한 것은 아니었습니다. 보스토크 1호는 자동으로 조종되어 10시간 55분 만에 지구로 귀환한 우주선이었습니다. 우주선에 앉아 가만히 지구를 감상하다 돌아온 27살의 가가린 소령은 최초의 우주인이라는 이유만으로 세계 최고의 영웅이 된 것입니다. 조금 부러운 일이지요. 가가린 소령은 그로부터 7년 후인 1968년 3월 27일, 미그 전투기를 몰다 모스크바 근방에서 추락하여 사망하였습니다.

보스토크 1호는 스푸트니크 우주선을 발사할 때 사용한 A로켓에 한 단을 추가한 A-1 로켓에 의해 발사되었습니다. 보스토크 우주선은 1963년 6월 16일까지 총 6대가 발사되었는데, 5호보다 이틀 늦게 발사되어 5호와 함께 편대비행을 한 마지막 6호에는 최초의 여성 우주인인 **테레슈코바**가 탑승했습니다. 테레슈코바가 우주선에서 지구로 보낸 '여기는 갈매기'라는 호출 신호는 최초의 여성 우주인과 함께 그 당시 가장 유명한 유행어가 되었습니다.

유인 우주선 발사에 성공한 구소련은 1964년 10월 12일, 사상 최초의 3인승 우주선인 보스호트 1호를 발사하게 됩니다. 이 우주선에서 우주인들은 우주복을 입지 않고 비행을 하는 최초의 기록을 만들어냅니다. 그리고 1965년 3월 18일, 보스호트 2호에 탑승한 **알렉세이 레오노프** 중령은 인류역사상 처음으로 우주를 유영하는 기록을 세우게 됩니다.

스푸트니크 1호부터 보스호트의 발사까지 구소련은 미국의 자존심에 큰 상처를 입히면서 우주 최강국으로서의 면모를 키워갔습니다. 그러나 순조롭게 진행되던 구소련의 우주 개발에 불행한 사고가 발생합니다. 1967년 4월에 발사된 **소유즈 1호**가 지구로 돌아오다 낙하산이 펴지

소유즈 1호

구소련은 1967년 4월 23일, 코마로프를 비롯한 세 명의 승무원을 소유즈 1호에 탑승시켜 세계 최초의 유인 우주선을 발사시켰다.

소유즈 1호가 발사되었을 당시에는 우주정거장이 설립되기 전이었기 때문에 지구의 궤도를 돌기만 하고 1호와 2호의 랑데부 계획이 예정되어 있었다. 그러나 1호에 문제가 생겨 2호의 발사가 취소되었고, 지구의 대기권 진입 시 우주선의 낙하산 줄이 엉켜 조종사 블라디미르 코마로프(Vladimir M. Komarov, 1927~1967)가 운명을 달리하였다.

세르게이 코롤료프

1950~1960년대에 미국과 소련 사이에 우주 개발 경쟁이 한창이었을 당시 구소련의 수석 로켓 기술자·개발자. 소련의 우주 발사체 및 우주선의 시스템 공학에 대한 책임자로, 코스모스·몰니야·존드 계열의 무인 우주선을 비롯하여 보스토크·보스호트·소유스 유인 우주선에 대한 설계·시험·제작·발사를 지휘했다. 우주계획에서 그의 신분과 맡은 역할은 구소련 정부의 우주정책 때문에 죽은 뒤까지 공식적으로 알려지지 않았다.

지 않아 조종사 코마로프가 사망하는 사고가 발생했습니다. 이 사건으로 코마로프는 우주비행에서 최초로 사망한 불행한 희생자로 기록되었습니다. 그리고 이 사건을 계기로 구소련의 우주 개발은 서서히 미국에 뒤지게 되었습니다.

구소련이 미국에 뒤지게 된 또 다른 이유는 구소련의 우주 개발을 책임지고 있던 **세르게이 코롤료프** (1907~1966) 박사가 1966년 1월에 암으로 사망했기 때문이기도 합니다. 물론 우주 개발을 지지했던 구소련의 지도자 후루시초프 서기장이 1964년에 물러난 것도 작은 이유가 될 수 있었을 것입니다.

미국의 우주 개발

스푸트니크 1호의 발사에 충격을 입은 미국은 폰 브라운 박사를 주축으로 1958년 1월 21일, 미국 최초의 인공위성인 익스플로러 1호를 발사하고 몇 달 후 **미항공우주국인 나사(NASA)**를 설립하여 본격적인 우주 개발에 나서게 됩니다.

그러나 구소련의 가가린 소령이 최초의 우주비행에 성공하자 미국은 전 국민이 실의에 빠질 정도로 큰 충격에 빠지게 됩니다. 이것은 세계 최강 국가로서의 미국의 자존심이 결코 허락할 수 없는 일이었습니다.

미항공우주국, 나사(NASA)

1958년에 설립된 대통령 직속기관으로, 비군사적인 우주개발을 관할하고 종합적인 우주계획을 추진하고 있다. 1969년에는 아폴로 우주선을 달에 착륙시키는 데 성공하였고, 그 후에는 스카이랩 계획을 통해 지구 주위 궤도의 유인 우주선에서 과학실험을 하였다. 현재는 우주왕복선을 중심으로 우주 개발에 힘쓰고 있다.

하지만 미국의 유인 우주선 계획이 구소련에 비해 크게 뒤진 것은 아니었습니다. 미국은 1958년부터 원숭이를 탑승시킨 우주선 발사에 성공합니다. 1959년에는 에이블과 베이커라는 원숭이 두 마리가 미사일에 실려지게 되고, 샘과 미스 샘이라는 원숭이는 머큐리 우주선에 탑승하는 영광도 갖게 됩니다. 그리고 1961년 1월에는 **머큐리 2호** 우주선에 '햄'이라고 이름 붙인 침팬지를 태워 지구로 무사히 귀환시키는 본격적인 우주여행 실험에 성공합니다.

동물 실험에 성공한 미국은 바로 이어 1961년 3월에 최초의 유인 우주선인 머큐리 3호를 발사할 계획을 세웠습니다. 그러나 구소련의 보스토크 계획에 대한 정보를 갖고 있지 못했던 미국은 확실하고 정확한 성공을 위해 이 계획을 한 달 이상 늦추게 됩니다. 그러는 사이 4월 12일, 구소련이 먼저 가가린을 태운 보스토크 1호를 발사하게 된 것입니다. 이에 놀란 미국은 5월 5일, 미국 최초의 우주인인 **앨런 세퍼드**를 태운

머큐리 2호

NASA는 머큐리 계획을 통해 아무도 가보지 않은 미지의 우주환경에 인간이 처음 도전한다는 것을 감안해, 무인 로켓 발사, 동물 실험 등을 통해 안정성을 확인해 나갔다. 이 과정에서 두 마리의 원숭이(샘과 미스 샘)와 한 마리의 침팬지(햄)가 준궤도 비행에 성공했고, 한 마리의 침팬지(에노스)가 궤도 비행에 성공했다. 머큐리 2호에 탑승했던 동물은 햄이라는 침팬지였다. 햄은 미국이 쏘아 올린 최초의 생명체로, 라이카가 우주에서 죽은 것과는 대조적으로 무사히 귀환하여 지구에 도착한 뒤 워싱턴의 국립동물원에서 17년을 더 살았다. 햄은 죽은 후 우주 명예의 전당에 묻혔다.

앨런 세퍼드

미국 최초의 우주인으로, 미국의 첫 유인 우주선인 프리덤 7호에 탑승하였다. 지구를 선회하지 못하고 수직으로 187㎞까지 올라갔다가 15분 만에 그대로 대서양으로 귀환하였다. 훗날 아폴로 14호에 탑승해 달에서 최초로 골프를 쳤다.

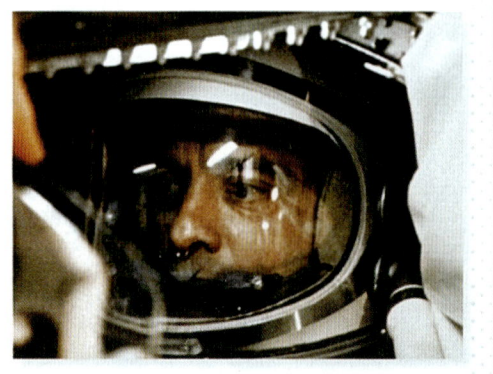

머큐리 3호(프리덤호라고도 함)의 발사에 성공합니다. 앨런 셰퍼드는 15분간의 비행 후에 무사히 대서양으로 귀환하였습니다. 비록 머큐리 3호가 보스토크 1호보다 낮은 고도인 186km까지밖에 올라가지 못했지만 이 사건은 가가린으로 인해 상처받은 미국 국민들에게 새로운 희망을 주기에 충분했습니다.

앨런 셰퍼드의 비행 후에 재미있는 일화가 있습니다. 일부 언론은 미국 최고의 비행사들을 모아 훈련시킨 우주비행이 실제로는 원숭이나 침팬지도 할 수 있는 간단한 일이었다고 비난하기도 했습니다. 실제로 앨런 셰퍼드가 우주선에서 한 일은 가가린과 마찬가지로 지구를 바라보는 것밖에는 없었기 때문입니다. 셰퍼드는 자신의 비행을 가리켜 '원숭이와 인간의 중간' 정도의 일이라고 농담삼아 이야기하기도 했다고 합니다.

국민들의 열광에 힘입은 미국 대통령 존 F. 케네디는 1961년 5월 25일에 러시아에 꺾인 자존심을 회복하기 위한 원대한 포부를 발표합니다.

아폴로 우주선

"미국은 1960년대가 끝나기 전까지 인간을 달에 보내고 다시 지구로 무사히 귀환시킬 것입니다. 비록 이것은 힘든 일이겠지만 우리는 이 길을 선택하고 반드시 해낼 것입니다."

이것이 바로 아폴로 계획의 시작을 알리는 발표였습니다. 아폴로 계획은 미국 국민을 열광시키기에 충분했고, 미국의 우주 개발 목표는 확실하게 달에 가기 위한 것으로 정리되었습니다. 이때부터 미국과 구소련은 누가 먼저 달에 갈 수 있느냐를 놓고 눈에 보이지 않는 경쟁을 시작하게 됩니다.

미국은 인간을 달에 보내기 위한 1단계 사업으로 제미니 계획을 추진합니다. 제미니 계획의 목표는 확실했습니다. 바로 달 탐사를 위한 준비 작업이었습니다.

달까지의 오랜 비행이 인간에게 주는 영향을 알아보고, 귀환할 우주선과 달 착륙선의 도킹 기술을 익히는 것, 그리고 지구로 귀환할 때 대기권과의 마찰열을 견디는 기술을 개발하는 것도 포함됩니다. 물론 우주인들의 우주 유영 기술이나 여러 가지 과학 실험도 준비되었습니다.

제미니 우주선은 머큐리 우주선을 개량하여 만들어졌습니다. 과거의 우주선과 달리 제미니 우주선은 세계 최초로 스스로 궤도를 변경하는 능력을 갖게 되었습니다. 이런 기술을 바탕으로 1966년 3월, **닐 암스트롱**을 태운 제미니 8호 우주선은 우주에서 인공위성과 도킹에 성공하는 세계 최초의 성과를 거둡니다.

미국은 제미니 계획을 통해 총 10대의 유인 우주선을 발사하여 달 여행을 실험했고, 미리 달을 탐사하기 위해 여러 대의 무인 탐사선을 달로 보내는 계획도 꾸준히 진행시켰습니다. 1964년 레인저 7호가 최초의 달

닐 암스트롱

1969년에 아폴로 11호가 달에 착륙했을 때 인류 최초로 달에 첫발을 내디딘 미국의 우주비행사이다. 1966년에 인공위성 제미니 8호의 선장이 되어 처음으로 우주비행을 했는데, 이때 아제나 8호와 최초로 도킹에 성공하기도 했다. 이후 아폴로 11호의 선장이 된 암스트롱은 달에 착륙한 소감으로 "이것은 한 인간에게는 아주 작은 한 걸음에 지나지 않지만, 인류에게는 위대한 도약이다."라는 유명한 말을 남겼다.

사진을 촬영한 것을 시작으로 1966년부터 발사된 서베이어 탐사선들은 다섯 차례에 걸쳐 무사히 달에 착륙하여 달 표면을 조사했습니다. 그리고 비슷한 시기에 달로 보내진 5대의 루나 오비터 탐사선들은 달 궤도를 돌면서 달 표면의 정밀한 사진들을 찍었습니다.

1966년 11월, 제미니 12호의 발사를 끝으로 미국은 제미니 계획을 마무리하고 본격적인 유인 달 탐사를 위한 아폴로 계획을 시작합니다. 그

제미니 우주선

러나 어떤 일이든 성공하기까지는 많은 시련이 있기 마련입니다. 1967년 1월, 지상 실험을 하던 아폴로 1호 우주선에서 화재가 발생해 3명의 우주비행사가 사망하는 사고가 발생하기도 했습니다.

그 후 미국은 길이 110m에 이르는 거대한 3단형 로켓 새턴 V(5)를 개발하고, 인간의 달 착륙을 위한 계획을 꾸준히 추진시켰습니다. 최초의 유인 우주선인 아폴로 7호의 우주 실험에 이어 1968년 12월 21일, 새턴 V로켓에 의해 처음으로 발사된 아폴로 8호는 달까지의 왕복 비행을 성공적으로 수행하였습니다. 아폴로 8호의 우주인들은 달의 뒷면을 직접 관찰한 최초의 인간이 되는 영광을 얻게 됩니다.

아폴로 8호의 성공으로 미국은 인간의 달 착륙에 대한 확실한 자신감을 갖게 되었습니다. 미국은 이어서 아폴로 9호를 이용하여 지구 대기권에서 착륙선과 본체의 도킹 실험에 성공하였고, 1969년 5월 18일 달을 향해 아폴로 10호를 발사하여 달 착륙을 위한 최종 실험을 진행하

아폴로 우주선 발사 장면

아폴로 우주선

였습니다. 아폴로 10호는 달에 무사히 도착하여 착륙선을 달 표면 위로 약 15km까지 접근시켰습니다.

드디어 1969년 7월 16일 닐 암스트롱 선장과 에드윈 올드린 주니어, 마이클 코린스 등 세 명의 우주인을 태운 아폴로 11호가 달을 향해 발사되었습니다. 아폴로 11호는 지구를 한 바퀴 반 정도 돈 후에 시속 약 4만 km의 속도로 달을 향해 날아갔습니다. 그리고 7월 20일 오후 8시 17분 40초(그리니치 표준시, 우리나라 시간으로는 7월 21일 오전 5시 17분 40초), 아폴로 11호의 달 착륙선인 **이글호**는 달의 '고요의 바다' 위에 무사히 착륙하였습니다.

그리고 6시간 반 정도가 지난 후 암스트롱 선장과 올드린이 우주복을

이글호

아폴로 11호의 달 착륙선인 이글호가 네 개의 다리를 편 것은 1969년 7월 21일 새벽 1시 32분이었다. 얼마 후 모선에서 분리되었고, 다리를 편 채 달 상공의 궤도를 돌던 착륙선 이글호는 하강 엔진을 점화하여 차차 고도를 줄이면서 달 표면에 접근하였고, 고도 1m에서 엔진을 끄고 달에 사뿐히 내려앉았다.

이글호가 달 표면에 착륙한 시간은 정확히 21일 오전 5시 17분 40초로 아폴로 11호가 미국 케이프케네디 우주센터의 39A 발사대를 떠난 지 102시간 45분 40초 만에 이루어진 쾌거였다.

입고 달 표면에 역사적인 발자국을 남기게 됩니다. 암스트롱이 이때 남긴 "이것은 한 인간에게는 작은 한 걸음에 지나지 않지만, 인류에게는 위대한 도약이다(That's one small step for a man, one giant leap for mankind.)."라는 말은 우주 개발사에서 가장 유명한 대사가 되었습니다.

아폴로 11호의 성공으로 미국은 구소련에게 짓밟혔던 자존심을 회복

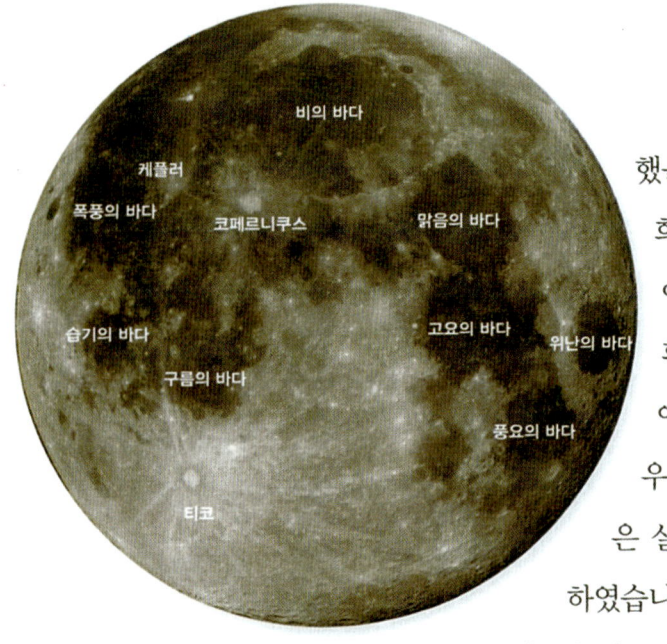

했을 뿐 아니라, 인류에게 우주에 대한 새로운 희망의 메시지를 전달하게 되었습니다. 그 후 아폴로 13호가 산소 탱크 폭발로 중간에서 귀환하기도 하였지만, 1972년까지 아폴로 11호에서 17호까지 총 12명의 우주인을 태운 6대의 우주선이 달에 착륙하여 달 표면을 탐사하고 많은 실험과 달의 토양 샘플을 가지고 지구로 귀환하였습니다.

미국은 아폴로 계획의 성공을 위해 총 250억 달러(현재의 우리나라 돈으로는 100조 원 정도)를 지출했지만 그 성공으로 인해 미국 국민들이 가진 자신감은 돈으로 따질 수 없을 정도로 큰 것이었습니다.

우주복을 입지 않고 우주에 나간다면 어떻게 될까요?

실제로 일어나서는 안 되는 일이겠지요. 인간이 우주복을 입지 않고 우주에 나간다면 당연히 죽게 될 것입니다. 그러나 그 죽는 모습에 대해서는 두 가지 정도의 의견이 나오고 있습니다. 사람의 몸은 지상에서 1기압이라는 대기압에 적응되어 있습니다.

그런데 우주는 거의 무중력인 진공 상태이기 때문에 사람이 무중력의 진공에 노출되는 순간 몸의 모든 세포나 조직이 다 터져버릴 것입니다. 바다 속 몇 km 아래에 있는 생물을 땅 위에 올려 놓으면 부풀어 오르다 터져버리는 것과 같지요. 〈토탈리콜〉이나 기타 영화 속의 장면을 기억해 보세요.

하지만 또 다른 의견도 있습니다. 사람의 몸은 대부분 물로 채워져 있습니다. 물은 기압이 낮아지면 끓는 온도가 내려갑니다. 기압이 땅보다 낮은 산 정상에서는 100도 이하에서 물이 끓는 것과 같은 이치입니다. 따라서 기압이 거의 없는 진공 상태에서는 물의 끓는점이 사람의 체온인 36.5도보다 낮아집니다. 그 결과 진공에 노출된 사람의 몸에서 몸 밖으로 물이 모두 빠져나가 미라처럼 바짝 말라 버릴 수 있습니다.

실제로 그런 실험을 한 적은 없지만 기압 차이 때문에 몸이 부풀어 오르면서 몸속의 모든 물질들이 밖으로 빠져나가고 결국은 말라 버릴 것이라는 것이 일반적인 생각입니다. 상상하면 너무 끔찍한 일이지요. 이 정도에서 넘어가기로 해요.

아폴로 우주선의 달 착륙이 조작되었다는 이야기가 있는데 사실인가요?

외국의 일부 방송과 잡지 등을 통해 가끔 아폴로 우주선의 달 착륙이 조작되었다는 이야기가 전해질 때가 있습니다. 그들은 아폴로 우주선이 보내온 영상과 사진이 실제로는 지구에서 가상으로 촬영된 것이라고 주장합니다. "달에는 공기가 없는데도 성조기가 펄럭였다", "그림자의 방향이 일정하지 않다", "달의 암석에 특별한 마크가 표시되어 있었다"는 등 조작설을 주장하는 사람들이 그 근거로 주장하는 내용은 무척 많습니다. 하지만 중요한 것은 그들이 제시하는 영상물들 중 상당 부분은 실제로 NASA가 공식적으로 발표한 것이 아니라는 것입니다. 그리고 달 착륙의 가장 중요한 증거는 당시 아폴로 우주인들이 달 표면에 설치한 반사판입니다. 지금도 레이저 광선을 이 반사판에 반사시켜 달까지의 거리를 측정하고 있다는 사실은 아폴로 우주선의 착륙을 뒷받침하는 결정적인 증거입니다.

달에는 엄청난 양의 에너지 자원이 있다고 하는데 그것은 무엇인가요?

달에서 이용할 수 있는 가장 중요한 자원은 '헬륨3'라고 알려진 물질입니다. 이 물질은 핵융합반응의 원료로 사용될 수 있는데, 현재 달에는 수백만 톤이 넘는 헬륨3가 존재하는 것으로 알려져 있습니다. 이 정도면 전 인류가 수백 년 동안 사용할 수 있는 엄청난 양입니다. 물론 '헬륨3'를 이용한 핵융합 발전을 실제로 수행하기 위해서는 앞으로도 여러 가지 연구가 더 진행되어야 하겠지만 말입니다.

> **핵융합반응**
> 몇 개의 가벼운 원자핵이 합쳐져서 다른 무거운 원자핵이 되는 것으로, 이때 큰 에너지가 나온다. 태양이나 수소폭탄에서 나오는 큰 에너지는 네 개의 수소가 합쳐져서 헬륨이 될 때 발생한다.

달에는 이외에도 달 기지 건설에 이용할 수 있는 많은 광물이 존재하는 것으로 알려져 있습니다. 산소와 결합된 광물들을 분해해서 산소를 얻을 수도 있고, 철과 같은 중요한 자원도 충분히 얻을 수 있을 것으로 여겨지고 있습니다.

우주정거장

구소련은 인간의 달 착륙 경쟁에서 미국에 뒤지자 우주정거장 사업을 통해 미국을 앞지를 계획을 진행시켰습니다. 그 결과 구소련은 1971년 4월 19일에 세계 최초의 우주정거장인 **살류트 1호**를 발사합니다. 살류트는 '축포'라는 뜻의 러시아 말입니다. 그리고 3일 후 살타로프 등 3명의 우주비행사가 소유즈 우주선을 타고 우주정거장에 접근했습

니다. 하지만 그들은 우주정거장 문이 고장 나는 바람에 안으로 들어가지도 못하고 그냥 돌아올 수밖에 없었습니다. 살류트의 고장은 곧바로 고쳐졌지만 1971년 6월 30일에는 더 큰 비극적인 사고가 일어납니다. 살류트 1호에서 생활을 하고 지구로 돌아오던 3명의 우주비행사가 귀환 우주선이 고장 나 모두 죽고 만 것입니다.

1973년 4월에는 두 번째 우주정거장인 살류트 2호가 발사되었습니다. 하지만 살류트 2호는 엔진이 폭발하는 바람에 2주 정도 우주공간에서 떠돌다가 지구로 추락하고 말았습니다. 다행히 살류트 2호에는 우주비행사는 타고 있지 않았습니다.

살류트 1호

소련 최초의 우주정거장이자 세계 최초의 우주정거장이다. 미국에서 아폴로가 달 착륙에 성공한 이후, 달 이외의 다른 분야인 우주정거장으로 관심을 옮기게 되면서 1971년 4월 19일에 발사되었다. 이 우주정거장에는 3명의 우주비행사가 과학실험을 하면서 23일 동안 머물렀다. 그런데 지구로 돌아오는 동안 타고 있던 우주선에서 공기가 새는 바람에 모두 목숨을 잃고 말았다.

스카이랩

미국은 1973년에 '스카이랩'이라는 우주정거장을 쏘아 올렸다. 스카이랩은 발사되는 동안 심하게 망가졌는데, 그 후에 우주비행사들이 도착해 직접 스카이랩을 수리하는 데 성공했다. 스카이랩에서도 여러 가지 의학 실험을 했고, 지구와 태양을 관측했으며, 1979년에 무사히 임무를 마쳤다.

미국도 비슷한 시기에 우주정거장을 발사하였습니다. 미국의 우주정거장 이름은 **스카이랩**으로 '우주실험실'이라는 뜻입니다. 스카이랩은 달 로켓인 새턴 V를 개조하여 만든 것으로 구소련의 살류트보다 세 배 반이나 큰 우주정거장입니다. 길이 17.5m, 지름 6.7m, 총무게 74.7t인 스카이랩은 1973년 5월 14일에 발사되었습니다. 스카이랩에서는 승무원들이 장기간 거주해야 하기 때문에 특별한 시설들이 필요했습니다. 벽에 매달린 개인용 고정 침낭, 냉장고와 72가지의 식단, 화장실, 무중력 공간에서 칼슘의 손실과 근육의 쇠퇴를 막기 위한 운동 장비, 샤워 시설 등을 갖추고 있어서 스카이랩은 마치 거대한 우주호텔 같았습니다.

　미국의 스카이랩도 살류트 우주정거장처럼 처음에는 사고가 있었습니다. 스카이랩은 발사과정에서 태양전지판이 큰 손상을 입어 전력이 줄어들고 내부의 열을 제거할 수 없어 그것을 고치지 못한다면 스카이랩을 포기할 수밖에 없었습니다. 따라서 미항공우주국 나사는 첫 번째 스카이랩 승무원에게 수리 임무를 맡겼습니다. 우주공간에서 처음으로 우주비행사가 직접 우주선을 고치는 임무였던 것입니다. 스카이랩의 최초의 승무원인 찰스 코나드 등 3명의 우주비행사는 우주복에 고정된 생명줄에 의지한 채 우주선 밖으로 나가 태양빛을 가려줄 우산을 펼침으로써 스카이랩 안의 온도를 낮추는 데 성공하였습니다. 안락해진 스카이랩에 두 번째로 방문한 우주비행사들은 58일간 생활하게 됩니다. 이 기간은 그 당시 구소련의 우주비행사보다 더 긴 우주 체류기간이었지요. 세 번

스카이랩과 스카이랩 내부 모습

째로 방문한 우주비행사들은 더욱 긴 우주생활을 했는데 84일간이나 스카이랩에 머물다가 지구로 돌아왔습니다.

스카이랩에서는 그 이름처럼 많은 실험이 진행되었습니다. 그중에는 주디스라는 여학생이 제안한 "무중력에서는 거미가 거미줄을 어떻게 칠까?" 하는 궁금증도 있었습니다. 이 실험을 위해 탑승한 '아라벨라'와 '아니타'란 거미는 처음에는 제대로 집을 짓지 못하다가 시간이 지나면서 무중력에 적응해 훌륭하게 집을 지었습니다. 하지만 6마리의 생쥐와 쇠파리는 우주에 적응하지 못하고 죽었습니다. 이외에도 스카이랩에서는 태양과 지구를 관측했는데, 18만 장 이상의 태양 사진을 찍었으며, 지구관측을 통해 석유와 광석이 매장된 곳을 발견하기도 했습니다. 하지만 스카이랩의 최대 실험은 우주비행사 자신을 관찰하는 일이었지요.

그러나 미국은 1974년에 스카이랩을 포기해야만 했습니다. 왜냐하면

스카이랩 모형

더 이상 스카이랩을 방문할 우주선이 없었기 때문이죠. 미국은 아폴로 우주선과 같은 1회용 우주선을 대신할 재사용이 가능한 우주왕복선을 개발하고 있었고 이 우주왕복선은 1981년에야 완성되었으니까요.

스카이랩은 승무원들이 철수한 후에도 5년 동안 지구 궤도를 돌다가

결국 1979년 7월 11일 인도양과 오스트레일리아의 사막으로 추락하고 말았습니다. 물론 인명 피해는 없었지요. 그 사이 구소련은 계속해서 우주정거장을 발사하였습니다. 1974년 6월에는 살류트 3호를, 1974년 12월에는 4호, 1976년 6월에는 5호를 연속적으로 발사하며 우주선을 계속해서 개조해 나갔습니다. 구소련은 스카이랩에서 미국이 세운 우주 체류기간을 깨기 위해 노력했지만 살류트 6호를 완성하기 전에는 기술적으로 미국을 따라잡는 것은 불가능해 보였습니다.

우주에서 오랫동안 머물기 위해서는 생활에 필요한 물품을 계속해서 보급해야 하는데 살류트 6호부터는 두 대의 우주선이 결합할 수 있는 도킹 장치가 설치되어 그것이 가능하게 되었습니다. 두 개의 도킹 장치 중 한쪽은 지구로 돌아올 우주선용이었고, 다른 한쪽은 화물우주선과 도킹하기 위한 장치였습니다.

1982년에는 살류트 7호가 발사되었는데 이때는 문제가 많았습니다. 라디오가 파손되고 전기 장치가 고장났으며, 물파이프에서는 물이 새어 나왔습니다. 구소련은 이를 해결하기 위해 새로운 태양전지판과 화학전지를 교체하고 물파이프를 수리하였습니다.

　그러나 한 가지 문제는 끝내 해결할 수 없었습니다. 그것은 바로 태양이었지요. 이때 태양은 굉장히 활발한 활동을 하는 주기였습니다. 이로 인해 지구의 대기는 뜨거워져 팽창하였고 이것이 살류트 7호가 도는 궤도에 영향을 주었습니다. 구소련의 과학자들은 팽창한 대기를 피하기 위해 로켓을 이용하여 살류트 7호를 더 높은 곳으로 이동시켰습니다. 그

미르

러시아어로 '평화'를 뜻하며, 구소련이 발사한 우주정거장이다. 1986년 2월 19일에 소련의 바이코누르 기지에서 발사되어 2001년 3월 23일 지구 대기권에 재진입하면서 파괴될 때까지 다양한 실험에 이용되었다.

러나 한꺼번에 연료를 써버리는 바람에 살류트 7호를 오랫동안 사용할 수는 없었습니다. 구소련은 결국 1986년에 살류트 7호를 포기하고 말았고, 이 우주선은 1991년 아르헨티나에 떨어지고 말았습니다.

구소련은 지금까지의 우주정거장 제작 경험을 살려 1986년에는 최대 규모의 우주정거장 **미르**를 발사하였습니다. 평화라는 뜻의 미르 우주정거장은 6대의 우주선과 결합할 수 있는 도킹 장치가 장착되어 있었습니다. 우주정거장의 성능이 향상되었을 뿐 아니라 계속적인 보급 우주선의 결합으로 미르는 15년간이나 우주공간을 비행했습니다. 그동안 미르는 우주개발 역사에서 엄청난 업적을 남겼지요. 미르에서는 중력이 인체에 끼치는 영향과 우주공간에서의 식물 재배 등 무중력 상태를 이용한 2만여 건의 실험이 수행되었습니다. 31대의 우주선과 64대의 우주화물선, 9대의 우주왕복선이 미르와 지구 사이를 오갔고, 모두 104명의 우주인이 미르를 찾았습니다. 특히 미르는 우주공간에서 인간의 장기체류가 가능하다는 것을 입증함으로써 화성 여행의 가능성도 한층 높여 주었습니다. 우주비행사 발레리 폴리아코프는 1994년에서 1995년까지 438일 동안 미르에서 생활해 최장기 연속 우주 체류 기록을 세웠고, 세르게이 아브데예프는 1992년부터 세 차례에 걸쳐 747일을 우주에서 보냈습니다.

구소련이 몰락한 후 러시아는 재정난으로 인해 미르를 계속 운영하기가 어렵게 되었습니다. 그리고 각종 사고가 일어나면서 더 이상 미르를 유지하기가 힘들어지자 2001년 3월 23일, 마침내 러시아는 미르를 지구 **대기권**으로 진입시켜 태워버렸습니다. 미르는 대기권으로 진입하면서 엄청난 **마찰열**

대기권
지구를 둘러싸고 있는 공기층으로, 약 1,000km까지의 높이에 이른다. 대기는 지구 중력의 영향을 받고 있기 때문에 지표에 가까운 곳일수록 대기가 많이 모여 있으며 상공으로 갈수록 희박해진다. 대기권 내에서는 높이에 따른 기온 변화를 기준으로 크게 대류권, 성층권, 중간권, 열권의 4개 층상 구조로 구분한다.

대기권과의 마찰열
대기권으로 들어오는 우주선이나 유성이 거대한 공기 덩어리인 대기와 부딪치면 엄청난 열이 발생하는데, 이것을 대기권 마찰열이라고 한다.

에 의해 140t에 이르는 본체는 순식간에 사라졌으며, 20여t에 달하는 잔해만이 최대 700kg에 이르는 파편 1,500여 개로 쪼개져 피지 인근 남태평양에 추락하였습니다.

현재는 미르보다 다섯 배나 큰 우주정거장이 건설되고 있습니다. 국제우주정거장이라고 불리는 것으로, 미국과 러시아를 비롯하여 16개국이 참가하고 있는 거대한 우주 프로젝트입니다. 국제우주정거장이 최종 완공되면 길이 108m, 넓이 88m의 웅장한 모습으로 지구 위 400km 지점에 떠 있게 됩니다. 이것은 축구장의 1.5배나 되는 크기지요. 무게는 507t이며, 내부공간은 보잉 747기의 2배나 됩니다.

국제우주정거장(사진출처: NASA)

미르와 우주왕복선

국제우주정거장 (사진출처: NASA)

우주정거장이 우주에서 날아오는 운석과 충돌해서 망가지는 일은 없을까요?

초속 7.5km의 속도로 지구 궤도를 돌고 있는 우주정거장은 먼지만한 혜성 조각이 부딪쳐도 심각한 파열로 이어질 수 있습니다. 따라서 정거장 바깥 부분에는 보호장치가 되어 있습니다. 10㎝ 두께의 세라믹 섬유로 만든 창문만 빼고 알루미늄 외피로 둘러싸여 있지요. 유리창 역시 지상에서라면 2㎜짜리 두 겹이면 충분하지만 우주에서는 1~2㎝짜리 4장을 붙여 놓습니다. 하지만 실제로 이들 물체와 충돌할 확률은 매우 낮습니다. 그리고 만약 운석과 우주정거장이 충돌하여 매우 위험한 상황에 빠지게 된다면 우주비행사들은 긴급탈출용 우주선을 타고 지구로 대피하게 됩니다.

미래에는 어떤 우주정거장이 건설될까요?

미래에는 인구 증가로 자원이 부족할 때 우주 공간에 지구와 같은 환경으로 이루어진 수만 명에서 수십만 명의 사람이 사는 거대한 우주도시가 건설될 것입니다. 이것을 '스페이스 콜로니'라고 하는데 우주도시의 내부는 지구와 같은 공기와 물, 기압으로 되어 있고 인공산과 인공호수도 있을 것입니다. 또한 우주도시를 회전시켜 인공적으로 중력을 만들어 지구에서처럼 서서 걸을 수 있게 됩니다.

　인간이 우주도시에서 오랫동안 살기 위해서는 지구와 닮은 환경이 필요합니다.　대기의 구성과 압력, 온도 등은 물론 중력도 지구와 같아야 할 것입니다. 우주도시를 회전시켜 생기는 원심력을 이용하면 인공중력을 만들 수 있습니다. 따라서 우주도시의 모양은 대

부분 둥그런 모양을 하게 됩니다. 그리고 내부공간은 크게 사람이 사는 거주 구역과 생활에 필요한 동식물을 사육하고 재배하는 농업 구역, 사무실과 공장이 있는 업무 구역 등으로 구분됩니다. 그리고 필요한 햇빛은 도시의 위쪽에 있는 큰 반사경으로 태양광을 반사하여 비추게 됩니다. 또한 우주도시에는 시냇물과 물고기들이 헤엄쳐 다니는 호수와 강, 서울의 남산과 같은 산도 만들어지게 됩니다. 공중에는 구름마저 떠 있어 우주도시의 풍경은 지구와 똑같을 것입니다.

이런 꿈같은 계획이 만약 실현되면, 우주도시에서 태어나 살던 사람들이 고향인 지구로 관광 여행을 오는 날도 먼 미래에는 가능할 것입니다.

자, 그런 미래를 위해 우리 같이 열심히 노력하고 준비해 볼까요?

우주 정거장

어린이 과학견문록

2 두 번째 여행

인공위성

밤하늘에 빛나는 별들 중에는 이 우주의 것만 있는 것은 아닙니다. 자연이 만든 별들 사이를 가로질러 날아다니는 것들이 있습니다. 이것을 흔히 유성이라 생각할 수 있지만 유성은 아닙니다. 유성하고는 다르게 움직이는 것들이 있습니다. 하늘을 나는 비행기의 불빛 같기도 합니다. 하지만 불빛이 깜박이지 않는 것을 보면 비행기도 아닙니다. 이것

들은 인간이 우주로 쏘아 올린 인공위성의 불빛입니다.

　현재 지구 상공에는 수천 대 이상의 인공위성이 날고 있습니다. 알려지지 않은 군사위성을 포함하면 정확히 위성의 수가 어느 정도인지 파악하기 힘들 정도입니다. 위성에 장착된 카메라를 통해 현재 지상에서 1m 정도의 물체까지 식별할 수 있다고 합니다. 하지만 이것은 공식적인 발표일 뿐 실제로 군사적으로 이용되는 위성의 경우 영화에서처럼 하늘에서 우리의 모든 사생활을 감시할 수 있는 정도의 기술도 불가능한 것이 아닙니다. 최소한 앞으로 수십 년 정도가 지나면 우리는 하늘에서 누군가가 우리를 항상 감시하고 있다는 생각을 갖고 살아야 할지도 모릅니다.

GPS 원리

GPS는 배나 비행기, 자동차 등의 위치뿐만 아니라 세계 어느 곳에서든지 인공위성을 이용하여 자신의 위치를 정확히 알 수 있는 시스템이다. GPS의 위치 정보는 GPS 수신기로 3개 이상의 위성으로부터 정확한 시간과 거리를 측정하여 3개의 각각 다른 거리를 삼각법에 의하여 현 위치를 정확히 계산한다.

허블우주망원경

미항공우주국(NASA)과 유럽우주국(ESA)이 주축이 되어 개발한 우주망원경이다. 지구에 설치된 고성능 망원경들과 비교해 볼 때 해상도는 10~30배, 감도는 50~100배로, 지구 상에 설치된 망원경보다 50배 이상 미세한 부분까지 관찰할 수 있다.

인공위성은 그 역할에 따라 기상위성, 방송통신위성, 지구관측위성, 과학위성, 정보위성 등 여러가지 위성으로 나눌 수 있습니다.

텔레비전이나 신문의 일기예보에서 볼 수 있는 구름 사진은 모두 인공위성에서 촬영한 것입니다. 인공위성은 여러 가지 파장의 전파를 지표면에 발사하여 광물자원의 탐사, 해양의 연구, 식물 생태 연구 등과 농산물 수확량이나 어획량 등을 측정하는 데도 이용되고 있습니다. 이런 위성을 지구관측위성이라고 합니다.

외국에서 열리는 운동 경기를 안방에서 볼 수 있고, 국제전화를 통해 외국과 이웃처럼 통신을 할 수 있는 것은 바로 지구 적도 위에 머물고 있는 이들 방송통신위성의 덕입니다.

방송통신위성 중 새롭게 각광받고 있는 것으로 **GPS위성**이 있습니다. 이 위성은 전 세계 어느 곳에서나 자신의 위치를 확인시켜 주는 시스템으로 머지않은 장래에 무인 자동차 등을 가능하게 해 줄 것으로 예상되고 있습니다.

이외에도 위성에는 세계 각 지역의 군사, 원자력, 첩보 정보를 수집하

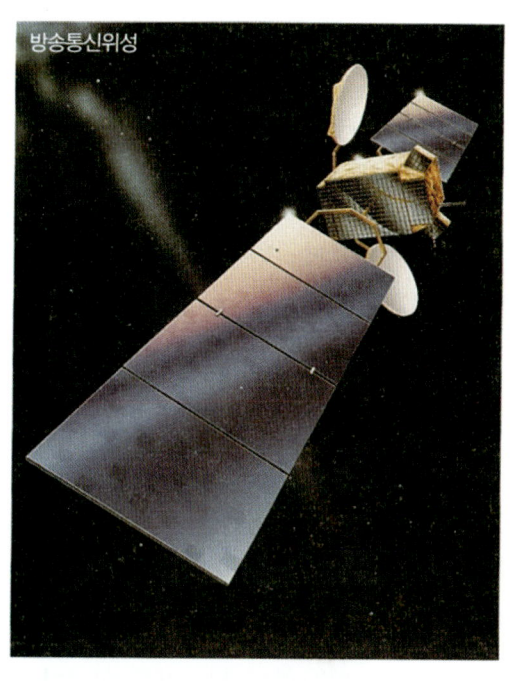
방송통신위성

는 정보위성이 있습니다. 이 정보위성들은 고성능 카메라를 이용하여 촬영한 정보를 지상으로 보내게 됩니다.

또한 우주 연구를 위한 위성들도 있습니다. **허블우주망원경**, 적외선 탐사 위성, X-선 위성 등 많은 위성들이 지구 궤도 위에서 우주의 신비를 밝혀내기 위해 열심히 관측 활동을 하고 있습니다.

지구관측위성 테라

GPS위성(사진출처: NASA)

인공위성의 궤도

여러분 중에는 인공위성이나 우주정거장이 지구에서 멀리 떨어져 있기 때문에 무중력 상태일 것이라고 생각하는 사람이 혹시 있을 것입니다. 하지만 이것은 잘못된 생각입니다. 지구에서 멀어지면 멀어질수록 지구의 중력이 줄어드는 것은 사실이지만 결코 중력이 없어지는 것은 아닙니다.

달의 경우를 생각해 보면 쉽게 이해할 수 있을 것입니다. 달은 지구에서부터 무려 38만 km나 떨어져 있지만 달에 미치는 지구의 중력은 매우 큽니다. 만약 달이 지구 주위를 공전하지 않고 가만히 정지해 있다면 지구의 중력 때문에 지구와 충돌하게 될 것입니다. 달이 지구에 끌려오지 않는 것은 공전을 하기 때문입니다.

회전하는 물체는 원심력을 받게 됩니다. 원심력이라는 것은 회전하는 중심에서 바깥으로 도망가려는 힘을 뜻합니다. 공을 잡고 팔을 휘두르면 공이 멀리 날아가려고 하는 힘을 느낄 것입니다. 이것이 바로 원심력입니다. 따라서 원심력은 중심으로 잡아당기는 중력과는 정반대 방향의 힘이 됩니다.

달이 지구와의 거리를 거의 일정하게 유지하면서 돌고 있는 이유는 바

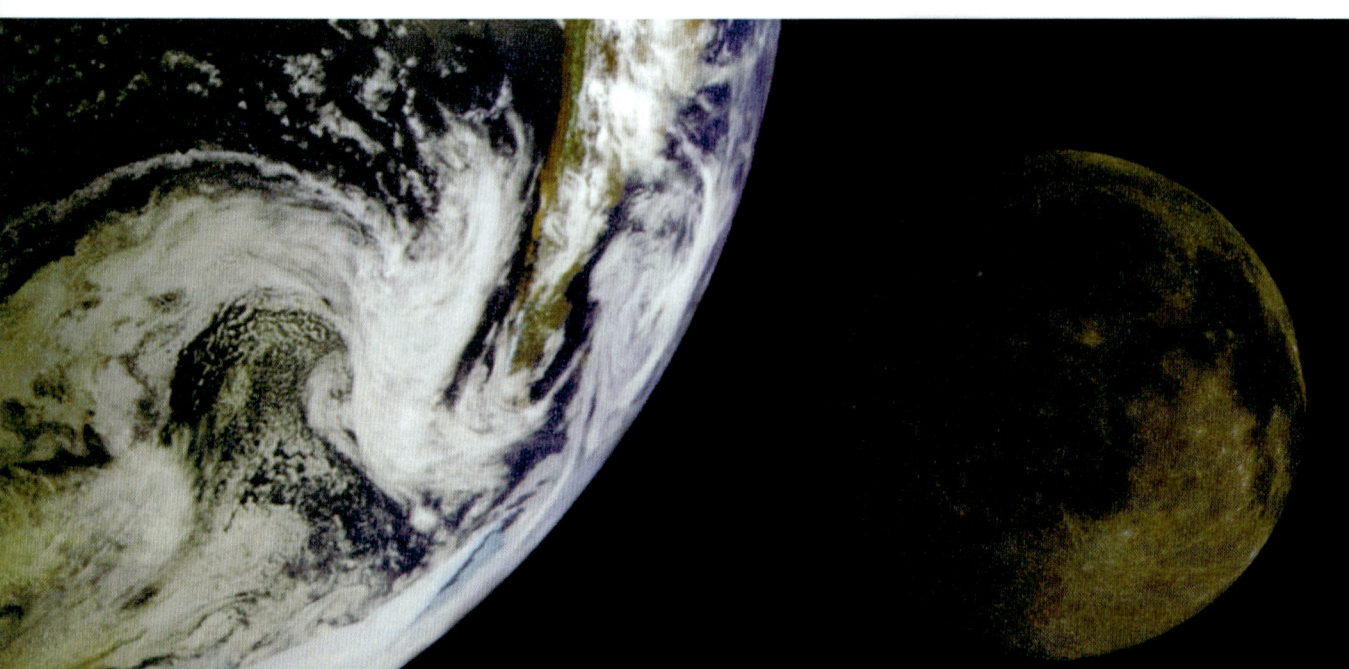

로 지구의 중력과 달의 공전에 의한 원심력이 서로 균형을 이루고 있기 때문입니다. 물론 이것은 태양과 지구의 경우에서도 마찬가지로 생각할 수 있습니다. 지구가 태양 둘레를 공전하지 않는다면 지구는 벌써 태양에 충돌하여 녹아 버렸을 것입니다. 지구가 공전을 하는 데서 생기는 원심력 때문에 지구는 태양의 중력에 끌려가지 않을 수 있는 것입니다.

이제 인공위성의 경우를 생각해 보겠습니다. 인공위성도 달과 마찬가지로 회전을 하지 않는다면 지구와 충돌할 수밖에 없을 것입니다. 우주정거장 속에서 사람들이 무중력을 경험하게 되는 것은 지구의 중력과 우주정거장의 원심력이 서로 균형을 이루고 있기 때문입니다. 따라서 보다 정확하게 표현한다면 우주정거장에서 우주인이 느끼는 것은 무중력이 아니라 무중량이라고 하는 것이 맞습니다. 지구의 중력은 있으나 원심력 때문에 지구 쪽으로 당겨지는 몸무게가 0이 되는 것이 바로 무중량입니다. 무중력과 무중량의 차이를 조금은 이해하시겠지요.

자, 그럼 인공위성은 모두 같은 속도로 회전하고 있을까요? 그렇지는

않습니다. 지구 표면에 가까이 떠 있는 인공위성들은 당연히 지구의 중력을 많이 받기 때문에 그만큼 큰 원심력이 필요할 것입니다. 따라서 지표에 가까운 인공위성일수록 더 빨리 지구 둘레를 공전합니다. 땅에서 약 1,000㎞ 정도 떨어져 있는 위성들은 2시간이 채 안 되는 시간 동안 지구를 한 바퀴 돌게 됩니다. 그리고 이보다 좀 더 땅에 가까운 국제우주정거장은 약 1시간 30분 정도마다 지구를 한 바퀴씩 돌고 있습니다.

위성은 땅에서의 거리에 따라 이동위성과 정지위성으로 나뉩니다. 이동위성은 대부분 땅에서 약 300㎞부터 2,000㎞ 사이에 있는 위성들로 이들은 저궤도위성이라고 부릅니다. 이 정도의 궤도라면 대부분 지구를 한 바퀴 도는 데 2시간 전후의 시간이 걸립니다. 여러분들이 밤하늘을 보다가 별과 같은 것이 서서히 움직이는 것을 보게 된다면 그것이 바로 저

궤도 위성입니다.

위성의 궤도가 높아지면 높아질수록 지구의 중력이 작게 작용하기 때문에 위성의 공전 속도는 점점 줄어들 것입니다. 그리고 어느 정도의 높이가 되면 위성의 공전 속도가 지구의 자전 속도와 같은 24시간이 되는 위치가 있을 것입니다. 이 위치에서는 위성이 지구와 같은 속도로 돌기 때문에 지구에서 볼 때 위성이 움직이지 않는 것처럼 보입니다. 따라서 이 위치의 위성을 정지위성 또는 정지궤도위성이라고 부릅니다. 여기서 꼭 기억해야 할 것은 정지궤도 위성이 실제로 정지해 있는 위성은 아니라는 것입니다. 지구와 같은 속도로 공전하기 때문에 정지한 것처럼 보일 뿐입니다. 지구의 정지궤도는 적도 위 3,600㎞에만 존재합니다. 다른 위치에서는 위성의 공전 속도가 24시간이라고 해도 지구의 자전 방향과 위성의 공전 방향이 정확히 일치하지 않기 때문에 위성이 정지해 있는 것으로 보이지는 않습니다. 따라서 한정된 정지궤도에 많은 위성을

통신위성

지구 상공의 일정한 궤도에서 지구 주위를 회전하면서 지상의 통신국에서 보내오는 신호를 수신한다. 그리고 그 신호를 증폭 변환한 후 다시 상대 지구국에 재송신하는 우주 전파중계소 역할을 하는 인공위성을 말한다.

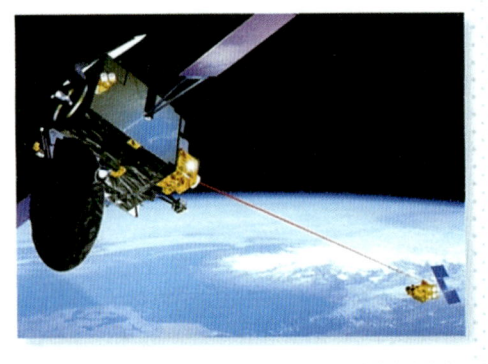

쏘아 올릴 수 없기 때문에 이곳에 위성을 올리기 위해서는 다른 나라와의 협의를 거쳐야 합니다.

정지궤도에 올려진 위성 중 가장 많이 사용되는 것이 바로 방송 및 **통신위성**입니다. 여러분 중에는 집에 위성 안테나를 설치해서 위성방송을 보는 친구들도 있을 것입니다. 이 위성 안테나가 향하고 있는 곳이 바로 정지위성이 있는 곳입니다. 현재 우리나라에서는 정지궤도에 쏘아 올린 무궁화위성을 통해 위성방송을 중계하고 있습니다. 여러분이 낯선 곳에서 방향을 잃었을 때 근처에 위성 안테나가 있다면 쉽

게 방향을 알 수 있을 것입니다. 위성 안테나가 향하고 있는 곳이 대략 남쪽이라고 생각하면 됩니다.

정지궤도가 저궤도에 비해 훨씬 편리하고 이용 가치가 높은 것은 사실이지만 여기에는 몇가지 문제점이 있습니다. 첫째 문제는 정지궤도가 저궤도에 비해 거리가 멀기 때문에 실제로 전파가 오가는 데 약간의 시간이 필요하다는 것입니다. 3만 6,000km를 전파가 왕복하는 데는 약 0.25초가 걸립니다. 만약 정지궤도 위성을 통해 지구 위의 두 지점에서 통신을 한다면 0.5초 정도의 시간이 느려질 것입니다. 또한 똑같은 방송을 보더라도 위성방송이 일반 방송보다 약간 늦게 진행되는 것을 볼 수 있습니다. 둘째는 위성을 올리는 데 드는 비용이 저궤도 위성에 비해 훨

씬 많이 든다는 것입니다. 정지궤도는 저궤도에 비해 훨씬 멀리 있기 때문에 위성을 그곳에 올리기 위해서는 그만큼 큰 로켓이 필요하겠지요. 또한 전파의 세기도 저궤도 위성에 비해서는 훨씬 강해야 하기 때문에 위성체의 무게도 훨씬 많이 나갑니다. 셋째는 앞에서도 말했던 것처럼 적도 위에만 존재하기 때문에 그곳에 올릴 수 있는 위성의 수가 한정되어 있다는 것입니다.

위성 안테나

이러한 문제점을 극복하기 위해 정지궤도를 이용하지 않는 새로운 방식의 통신위성이 연구되었습니다. 즉, 정지궤도보다 낮은 궤도에 수십 개의 위성을 올려서 이들을 상호 네트워크로 연결하는 것입니다. 이렇게 하면 이 위성들이 정지궤도의 위성과 같은 역할을 하게 됩니다. GPS라고 불리는 것이 바로 그런 위성 시스템입니다. 자동차에서 지도를 보여주고 목적지까지의 위치를 알려주는 것이 바로 GPS 위성을 이용한 것입니다. 저궤도 위성은 정지궤도에 비해 발사 비용을 3분의 1 이하로 줄일 수 있고, 통신 뿐 아니라 지구를 관측하는 여러 가지 역할도 동시에 수행할 수 있어서 활용할 수 있는 범위가 매우 넓습니다. 위성 수신용 핸드폰도 결국은 저궤도 위성망을 이용해서 이루어지는 것입니다.

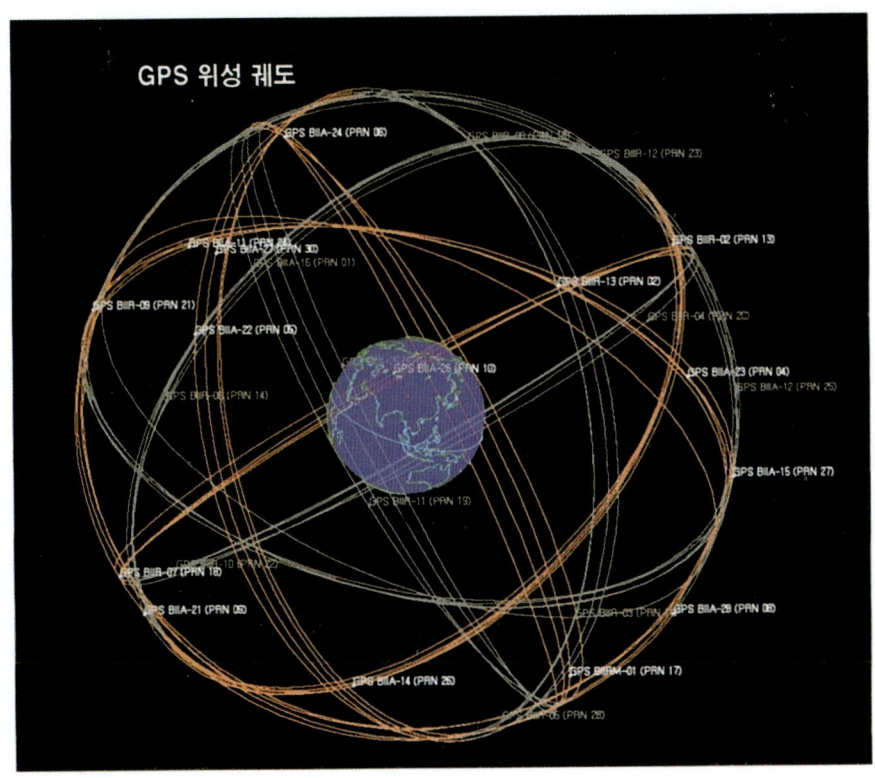

저궤도 위성 네트워크

미래의 달 기지는 지하에 건설된다고 하는데 그 이유는 무엇일까요?

인간이 달에 살게 될 때 가장 문제가 되는 것은 태양으로부터 날아오는 강력한 방사선입니다. 높은 에너지를 방출하는 감마선이나 X선, 자외선 등을 피하기 위해 달 기지는 지하로 들어갈 수밖에 없습니다. 2m 이상의 흙으로 기지를 덮는다면 대부분의 방사선을 막을 수 있기 때문입니다.

미래의 우주여행은 어떻게 될까요?

> ### 이온 로켓
> 세슘, 수은, 아르곤 따위의 이온화한 하전 입자를 가속·분출하여 그 반동으로 날아가는 로켓. 화학연료 로켓에 비하여 추력(推力)은 약하나 추진제의 분사 속도가 빠르고 또 장시간에 걸쳐 추력을 발생하므로 장기 비행에 알맞다. 이온 로켓은 초속 50km의 속도는 낼 수 있으므로 달까지는 2시간 30분, 화성까지는 25일, 목성까지는 150일, 토성까지는 300일, 왜소행성 134340까지는 4년이면 도달할 수 있다.

인류는 머지 않은 미래에 달 이외의 다른 천체로의 여행을 계획하고 있습니다. 현재의 과학 기술로도 다른 천체에 가는 것이 불가능한 것은 아닙니다. 다만 목적지까지 가는 데 소요되는 시간이 문제인 것입니다. 현재 사용하고 있는 화학연료 로켓으로는 달까지 3일, 태양까지 4개월, 화성까지는 6개월 이상이 걸립니다. 하지만 보다 먼 태양계의 명왕성까지는 25년이나 걸리니 식량 등을 실은 큰 규모의 우주선을 만들기가 쉽지 않습니다. 그래서 생각한 것이 이온 로켓입니다. 이 로켓은 초속 50km는 낼 수 있을 것이므로 명왕성까지 4년이면 도달할 수 있습니다. 하지만 태양계 밖의 별까지 가려면 가장 가까운 켄타우루스자리의 알파별까지 가는 데만도 3만 년이라는 시간이 더 걸립니다. 거리로 치면 43조 km나 되는 엄청나게 먼 거리입니다.

따라서 태양계 이외의 우주로 여행하기 위해서는 다른 방법이 연구되어야 합니다. 미래에 우주여행이 가능하기 위한 방법으로 연구될 수 있는 것들에는 인공 동면, 도시 우주선(도시 자체가 날아다니는 우주선) 등이 있습니다. 그 다음이 광속에 가까운 광속 우주선입니다. 이 우주선을 이용하게 되면 아인슈타인의 특수 상대성이론에 따라 아주 짧은 시간에 다른 별까지 여행할 수 있습니다. 물론 SF소설이나 영화에 나오는 식으로 몸이 지구에서 없어지고 다른 천체에 나타나는 방법도 먼 미래에 가능하게 될지도 모릅니다.

인공위성

우·주·견·문·록

2
우주인의 생활

오랜 세월 동안 우주는 단지 동경의 대상이었습니다. 밤하늘에 빛나는 별을 바라보는 것만으로도 사람들은 낭만을 느끼고 즐거움을 찾을 수 있었습니다. 천문학이 발달하고 우주에 대한 지식이 늘어나면서부터 인간은 우주를 그저 바라만 보는 세계로 남겨두지 않았습니다. 20세기에 들어와서 우주는 새로운 탐험의 세계로 바뀌었습니다. 그리고 이제 인간은 우주를 지구와 같은 생활의 터전으로 만들기 위해 새로운 도약을 준비하고 있습니다.

우주와 지구의 차이

이제 우주에서의 생활은 더 이상 SF영화나 소설 속에 등장하는 이야기가 아닙니다. 인간은 머지않은 미래에 지구 궤도 위에 우주도시를 건설할 것이며, 달이나 화성에도 도시를 만들 것입니다. 그 모든 것이 여러분이 어른이 되는 수십 년 안에 다 이루어질 것입니다. 여러분 중에는 우주로 신혼여행을 떠날 사람도 있을 것이고, 달이나 화성 기지에서 생활하는 사람도 나올 것입니다.

여러분 중에 우주여행을 꿈꾸지 않는 사람은 거의 없을 것입니다. 하지만 미래의 우주인이 되기 위해서는 지금부터 우주에 대해 공부하고 준

우주로 나가기 위해 준비중인 엔데버호의 승무원들

비해야 합니다.

　이제부터 우주에서 생활하기 위해 필요한 기초적인 지식과 실제 우주인들이 우주에서 어떻게 생활하고 있는지 알아보기로 하겠습니다.

　땅에서 100㎞ 이상 되는 곳을 가리켜 우주라고 하는데, 실제로 인간이 우주인이 되어 생활할 수 있는 우주 공간은 두 가지로 나눌 수 있습니다. 하나는 우주왕복선이나 우주정거장과 같이 지구 둘레를 도는 우주선에서 생활하는 것입니다. 또 하나는 달이나 화성처럼 지구와 전혀 다른 환경의 천체에서 생활하는 것입니다. 물론 달과 화성의 환경도 제각기 다르기 때문에 우주에서 생활하기 위해서는 각각의 환경을 정확히 이해하

소유즈 우주선

구소련의 유·무인 우주선. 1967년 4월 23일 소유즈 1호가 첫 발사된 이래 소유즈호는 살류트(Salyut)와 미르(Mir) 우주정거장에 연결되어 우주비행사를 보내거나 귀환시키는 임무를 담당하였다. 우주정거장이 설치되기 이전에 326일 동안 우주 공간에 체류한 기록을 갖고 있기도 하다. 첫 발사 이후 지금까지 수십 차례에 걸쳐 꾸준히 우주 개발에 참여하고 있다.

고 있어야 합니다.

현재 우주인들이 생활하고 있는 곳은 국제우주정거장입니다. 그리고 이곳을 방문하기 위해 미국의 우주왕복선과 러시아의 **소유즈 우주선**이 가끔씩 우주여행을 합니다. 물론 달이나 화성으로의 우주여행도 준비하고 있지만 그것은 미래의 일이고 현재로서는 땅에서 약 400km 정도 높이가 우주인이 생활하는 우주 공간의 전부입니다.

그러면 우주와 지구는 얼마나 다른 환경일까요?

첫째, 우주정거장에서는 중력을 느낄 수 없습니다. 지구의 중력이 없어졌

기 때문이 아니라 지구를 돌면서 생기는 우주정거장의 원심력이 중력과 같은 크기이지만 반대로 작용하기 때문입니다. 중력을 느낄 수 없기 때문에 무게라는 것이 있을 수 없습니다. 이곳에서는 100kg짜리 쇳덩어리도 마치 새털처럼 공중에 떠 있게 됩니다. 사람이 이곳에서 생활하기 위해서는 무중력 상태에 대한 대비를 해야 합니다. 땅에서는 중력 때문에 몸의 피가 다리 쪽으로 집중되지만 무중력 상태에서는 피가 머리 쪽으로 이동하면서 얼굴이 달처럼 둥글게 부어오르는 현상이 일어나기도 합니다. 반대로 무중력 상태에 오래 있다가 지구로 돌아오게 되면 갑자기 피가 다리 쪽으로 몰리기 때문에 머리로 피가 충분히 보내지지 않아 기절하기도 합니다.

또한 무중력 상태에서는 근육을 사용하지 않게 되기 때문에 근육이 약

국제 우주정거장

질소
공기의 약 5분의 4를 차지하는 무색·무미·무취의 기체 원소. 보통 화학반응을 일으키기 어려우나 높은 온도에서는 다른 원소와 결합하여 질화물을 만든다.

감마선
방사성 물질에서 나오는 방사선의 하나. 파장이 극히 짧고 물질 투과성이 강한 전자기파로, 금속의 내부 결함을 탐지하거나 암을 치료하는 데에 널리 쓴다.

X선
감마선과 자외선의 중간 파장에 해당하는 전자기파. 1895년에 독일의 뢴트겐이 발견할 당시에는 '알 수 없는 선'이라는 뜻에서 X선이라고 불렀다.

자외선
파장이 X선보다는 길고 가시광선보다는 짧은 전자기파. 눈으로 볼 수는 없으나 태양 광선 속의 자외선은 대기 중의 산소 분자에 의해 대부분 흡수되어 오존을 만든다.

태양풍
태양에서 방출되는 미립자의 흐름. 주로 양성자와 전자로 이루어지며, 지구 자기권에 영향을 주어 자기폭풍, 오로라, 전리층의 요란 따위를 일으킨다.

우주방사선
지구로 내리쏟아지는 방사선의 총칭. 특히 지구 밖에서 생성된 우주선을 1차 우주선이라 부르고, 1차 우주선과 지구 대기의 충돌로 발생하는 우주선을 2차 우주선이라 부른다.

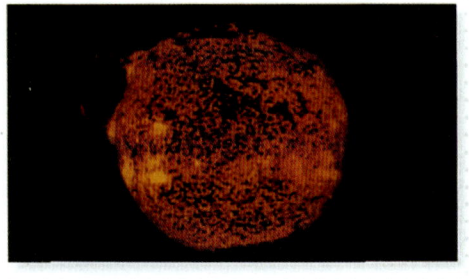

해지고, 뼈 속에 들어 있는 칼슘이 녹아 소변과 함께 배설되기도 합니다. 따라서 무중력 상태에서 오래 생활하기 위해서는 근육을 단련시키는 운동과 함께 부족한 영양분도 계속 보충해 주어야 합니다. 물론 무중력 상태를 대비하는 가장 좋은 방법은 우주정거장에 인공 중력을 만드는 것입니다. 인공 중력에 대해서는 나중에 다시 알아보기로 하겠습니다.

둘째, 이 정도 고도에서는 대기가 거의 없습니다. 따라서 우주정거장 속에서 숨을 쉬기 위해서는 인공으로 공기를 만들어 주어야 합니다. 우주정거장의 실내 공기는 지구의 대기와 똑같이 **질소**와 산소를 4대 1의 비율로 혼합하여 만듭니다. 물론 이 공기에는 적당한 수증기가 포함되어 쾌적한 습도를 유지할 수 있게 해줍니다. 하지만 단순히 공기만 있다고 인간이 살 수 있는 것은 아닙니다. 인간은 1기압 정도의 기압을 받으며 땅 위에서 살았기 때문에 우주정거장 속에도 이 정도의 기압을 유지해 주어야 합니다. 또한 태양에서 날아오는 높은 에너지를 띤 **감마선**, **X선**, **자외선**과 같은 빛이나 **태양풍**, **우주방사선** 같이 높은 에너지를 띤 입자들을 막아주는 장치를 설치해야 합니다. 지구에서는 대기권이 이들을 막아주는 방패 역할을 하고 있기 때문입니다.

셋째, 온도의 차이입니다. 태양에서 멀리 떨어진 우주 공간의 온도는 영하 270도나 됩니다. 따라서 그곳에서 사람이 생활하는 것은 거의 불가능하겠지요. 우주정거장이 돌고 있는 정도의 높이에서는 주위 온도가 약 1,000도나 됩니다. 이렇게 높은 온도에서 우주정거장이 어떻게 안정적으로 궤도를 돌 수 있을까요?

일단 여기서 말하는 온도는 우리가 땅에서 느끼는 온도와는 차이가 있습니다. 우리가 살고 있는 땅은 공기로 가득 차 있기 때문에 이 정도 온도에서는 어떤 물체라도 오래 버티기가 힘듭니다. 하지만 우주 정거장

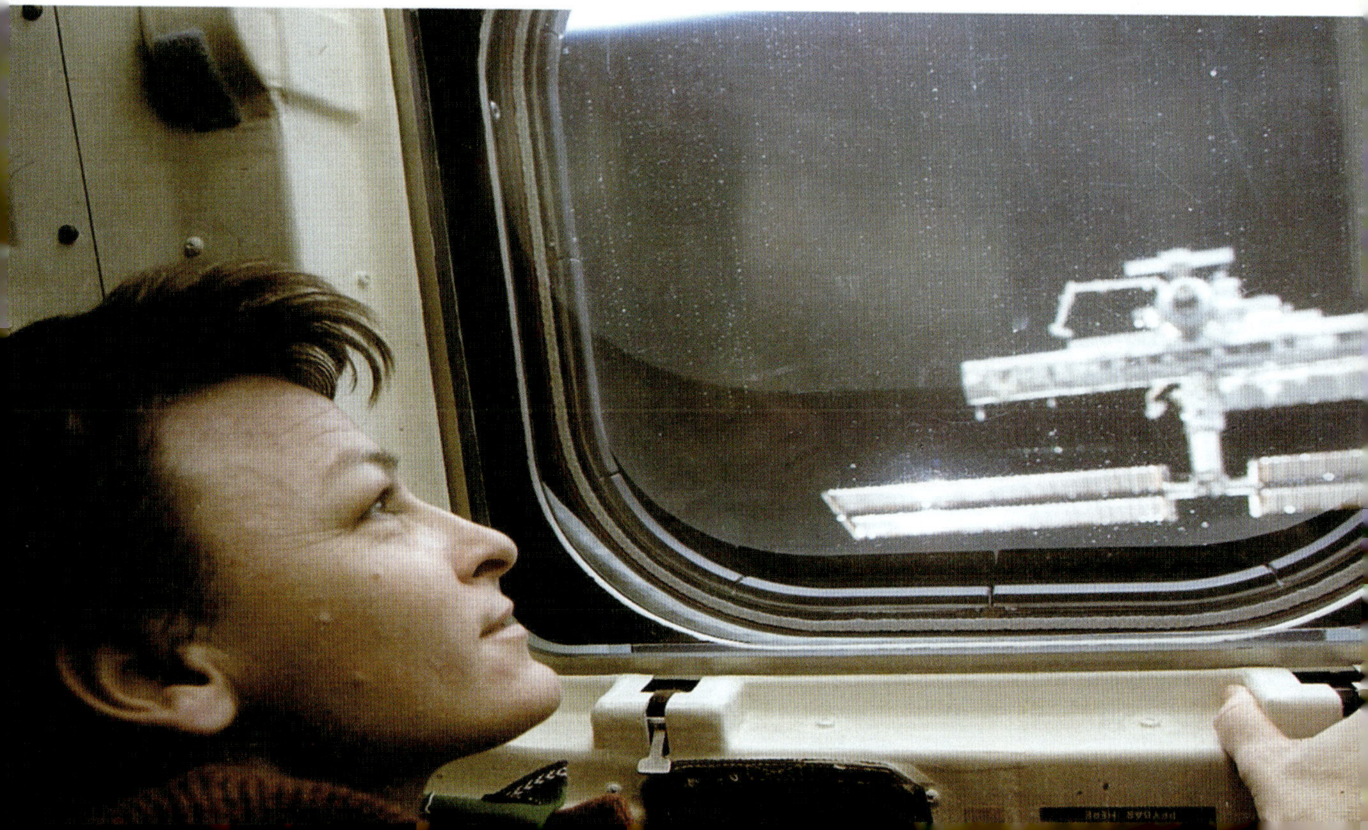

우주왕복선에서 우주정거장을 바라보는 우주비행사

이 머무는 정도의 고도에서는 대기가 거의 없기 때문에 이 정도 온도라도 우주정거장에 큰 피해는 없습니다. 진공 속에서는 복사 현상에 의해서만 열이 전달되기 때문에 **복사열**만 막는다면 우주정거장에 큰 피해가 없기 때문입니다. 복사열은 어두운 색에 많이 흡수되기 때문에 우주정거장이나 인공위성 등은 빛을 잘 반사할 수 있는 재질로 만듭니다.

우주정거장이 받는 열에는 여러 가지가 있습니다. 가장 큰 열은 태양

에서 오는 복사열입니다. 그리고 지구 대기에 의해 반사된 태양의 복사, 지구 자체에서 나오는 복사열, 우주정거장 내부의 기기에서 나오는 열, 그리고 사람에게서 나오는 열 등입니다. 우주 정거장은 이런 열들을 잘 조합하여 우주인이 생활하기 적당한 온도인 18도

> **복사열**
> 지구가 태양으로부터 받는 열이나 적외선처럼 물체에 흡수되어 그 물체를 뜨겁게 만드는 에너지를 말한다.

우주공간에서 작업 중인 우주비행사

에서 28도 사이를 유지해야 합니다.

이외에도 우주 공간에서는 지구와 다른 폐쇄된 환경으로 인해 심리적인 불안감을 느낄 수 있습니다. 또한 오랜 우주 생활은 친구나 가족, 고향에 대한 향수병을 가져올 수도 있을 것입니다. 따라서 우주에서 생활하기 위해서는 강한 인내력이 있어야 합니다.

그러면 달이나 화성의 환경은 우주정거장과 얼마나 다를까요?

이들 천체에서의 생활이 우주정거장에서의 생활과 가장 큰 차이가 나는 것은 지구와 멀리 떨어져서 쉽게 오고 갈 수 없다는 것입니다. 우주정거장이나 우주왕복선에서는 인간의 생활에 필요한 공기나 물, 식량 등을 모두 지구에서 가져가고, 쓰레기나 배설물도 다시 지구로 가져옵니다. 하지만 달이나 화성에서 오랫동안 머물기 위해서는 그곳에서 직접 물이나 공기, 식량을 얻어야 하고, 쓰레기나 배설물도 직접 처리하지 않

미래의 화성 기지(사진출처: NASA)

으면 안 됩니다. 다행히 달이나 화성에서 얼어 있는 물을 찾을 수 있다면 대부분의 문제는 해결될 수 있습니다. 물을 분해하면 산소와 수소가 얻어지기 때문입니다. 수소는 연료로 쓸 수 있고, 물을 이용하여 물고기나 식물을 키워 식량을 얻을 수도 있기 때문입니다.

가장 어려운 것은 화성까지 가는데 걸리는 6개월의 긴 시간입니다. 이 기간 동안에는 우주선 안에서 모든 것을 얻고 처리해야 합니다. 우주선의 무게 때문에 모든 식량과 물을 지구에서 다 가져갈 수가 없습니다. 결국 우주선 안에서 식량을 얻을 수 있는 방법이 연구되어야 하고, 쓰레기나 배설물도 재처리해서 사용해야 합니다. 소변을 걸러서 물을 얻어야 하고, 대변도 분해해서 식물을 키우는 거름으로 사용해야 합니다. 이런 이야기를 들으면 우주여행에 대한 환상이 깨질 수도 있을 것입니다. 하지만 이런 준비는 인간이 우주를 탐험하면서 우주 공간에서 살아남기 위해 꼭 필요한 일들입니다.

달이나 화성에서의 환경이 우주정거장과 다른 또 한가지는 바로 중력이 있다는 것입니다. 달은 지구에 비해 중력이 1/6이고 화성은 1/3 정도 됩니다. 몸무게가 60kg인 사람은 달과 화성에서 각각 몸무게가 10kg과 20kg 정도로 가벼워집니다. 따라서 달과 화성에서는 지구에서보다 훨씬 천천히 조심스럽게 움직여야 합니다. 그래도 무중력과는 환경이 다르기 때문에 일상적인 생활은 지구에서와 비슷할 것입니다.

중력을 제외한 나머지 환경은 달이나 화성이 우주 정거장과 큰 차이가 없습니다. 달에는 대기가 없고, 화성에는 대기가 있지만 표면의 기압이 지구의 1% 밖에 되지 않기 때문에 거의 우주정거장과 같이 우주로부터 인간을 보호할 수 있는 폐쇄된 기지를 만들어야 할 것입니다.

물고기들은 무중력 상태에서 헤엄을 칠 수 있을까요?

우주인들이 무중력에 적응하기 위해 물속에서 우주복을 입고 훈련하는 것을 본 적이 있을 것입니다. 그렇다면 물에 사는 물고기들은 무중력에서도 헤엄을 칠 수 있을까요?

1994년에 우주에서는 송사리를 이용하여 실제로 무중력 상태의 물에서 물고기가 헤엄을 칠 수 있는가 하는 실험이 진행되었습니다. 이 실험을 위해 네 마리의 송사리가 우주왕복선에 태워져 우주로 보내졌습니다. 이 송사리들은 총 2천 마리 중에서 여러 번의 실험을 거쳐서 선발된 무중력에 강한 특별한 송사리들이었습니다.

실험 결과 대부분의 송사리들은 자세를 유지하지 못하고 앞뒤로 회전했고, 일부는 벽에 부딪혀 뇌진탕을 일으키기도 했습니다. 하지만 시간이 지나면서 송사리들은 무중력에 적응하여 평소대로 헤엄을 쳤습니다. 이 송사리들은 15일간 우주에 머물다 지구로 돌아왔습니다.

그런데 지구에 돌아왔을 때도 비슷한 일이 벌어졌습니다. 무중력 상태에서 부레를 사용하지 않았던 송사리들이 부레를 사용하는 법을 잊어버려서 바닥에 가라앉아 버린 것입니다. 하지만 송사리들은 서서히 정상으로 돌아와 처음처럼 헤엄을 쳤습니다.

그런데 재미있는 것은 이 송사리들이 우주에서 직접 알을 낳고 그 알에서 새끼가 태어났는데, 우주에서 태어난 새끼 송사리들은 땅에서도 보통 송사리처럼 바로 헤엄을 쳤다는 것입니다.

부레

어류의 몸속에 있는 얇은 공기주머니. 뜨고 가라앉는 것을 조절하는 기능 외에 종류에 따라서는 청각이나 평형감각기관의 역할을 하며, 발음·호흡 따위의 작용과도 연관이 있다.

우주왕복선과 우주정거장에서는 물고기 이외에도 여러 동물들에 대한 무중력 적응 실험이 있었습니다. 귀뚜라미와 거미같은 작은 동물에서부터 생쥐같은 포유류까지 다양한 동물들이 실험 대상이 되었습니다.

대부분의 동물들은 사람과 마찬가지로 처음에는 혼란을 겪었지만 시간이 지나면서 무중력에 잘 적응했습니다. 거미는 무중력 상태에서도 집을 지었지만, 결국 잡아먹을 파리가 없었기 때문에 지구로 돌아올 무렵 굶어 죽었습니다.

인공 중력은 어떻게 만들 수 있나요?

무중력 상태를 이겨내기 위한 가장 좋은 방법은 인공 중력을 만드는 것입니다. 장거리 우주여행을 하는 우주선을 만들거나 우주 호텔을 짓기 위해서도 인공 중력을 만드는 일은 꼭 필요합니다.

인공 중력을 만드는 가장 좋은 방법은 원심력을 이용하는 것입니다. 우주선의 일부나 전체를 빠르게 회전시키면 회전하는 중심에서 바깥 방향으로 강한 원심력이 생겨서 마치 중력이 있는 것처럼 느껴질 것입니다.

인공 중력을 만들기 위한 우주선 모형으로 생각되는 것 중에 하나는 아령 모양의 우주선입니다. 이것은 둥근 도넛 모양의 선실이 양쪽 끝에 있고 그 사이에 회전축이 되는 통로가 있는 우주선입니다. 이 우주선은 우리가 아령의 중심을 잡고 한쪽으로 돌리는 것처럼 회전하게 됩니다. 이렇게 하면 양쪽 끝의 선실에는 지구의 중력과 같은 크기의 원심력을 만들 수 있습니다.

또 다른 모형으로 생각할 수 있는 것은 거대한 바퀴 모양의 우주선입니다. 이 경우 바퀴의 중심에 회전축이 있고 선실은 바퀴의 바깥쪽에 원형으로 만들어지게 됩니다. 문제는 이런 우주선들은 구조적으로 매우 불안정하고 만들기도 어렵다는 것입니다.

또 다른 방법은 우주선의 한쪽에만 인공 중력을 만드는 것입니다. 이런 우주선은 일반

우주선의 한쪽에 회전하는 바퀴를 단 것과 같은 역할을 할 것입니다. 우주인이 이 바퀴 모양의 선실에 들어가게 되면 머리는 바퀴의 중심 쪽으로 가고 발은 바퀴의 바깥쪽을 밟게 될 것입니다. 그런데 이 경우 문제는 머리와 발 부분에 작용하는 원심력이 다르다는 것입니다. 중심에 가까운 머리에는 거의 중력이 느껴지지 않고 다리 쪽에만 강한 중력이 작용해서 마치 몽롱한 상태에서 모래주머니를 차고 움직이는 것처럼 불편할 것입니다. 하지만 바퀴의 바닥에 눕게 되면 이런 문제는 어느 정도 해결되기 때문에 인공 중력이 있는 선실을 침실로 쓰는 것은 괜찮을 것입니다.

달에서도 골프를 칠 수 있을까요?

어른들이 즐기는 운동 중에 골프라는 것이 있습니다. 여러분도 컴퓨터 게임으로 골프 놀이를 해 본 친구들이 있을 것입니다. 조그마한 공을 골프채로 쳐서 멀리 있는 작은 구멍에 넣는 것이 골프 게임이지요. 그런데 골프를 달에서 한다면 어떻게 될까요?

달은 지구와 달리 공기가 없고 중력이 지구의 6분의 1밖에 되지 않기 때문에 당연히 공은 지구에서보다 훨씬 멀리 날아갈 것입니다.

1971년 1월에 아폴로 14호를 타고 달에 착륙한 앨런 셰퍼드 선장은 휴식 시간을 이용하여 달에서 처음으로 골프를 쳤습니다. 물론 골프를 즐기는 정도는 아니었고 골프채로 공 두 개를 멀리 날려 보내는 정도였습니다.

골프 황제로 알려진 미국의 타이거 우즈는 300m 가까이 공을 날려 보냅니다. 그런데 달에서는 지구에서보다 공이 열 배 이상 더 멀리 날아갑니다. 즉, 몇 km 이상 날아가 공이 떨

어지는 것이지요. 세퍼드 선장은 자신이 친 공을 찾을 수 없었다고 합니다. 아폴로 14호가 착륙한 곳이 달의 중앙 근처인 프라 라우로 고지라고 하니까 나중에 여러분이 달을 여행할 기회가 있으면 이 두 개의 골프공을 꼭 찾아보세요. 멋진 기념품이 될 것입니다.

만약 달에 골프장이 만들어진다면 그 크기는 지구의 것보다 100배 이상 커야 할 것입니다. 그리고 골프를 치는 사람들은 우주복을 입고 껑충껑충 뛰면서 이동해야 할 것입니다. 그런데 제일 중요한 것은 공을 찾는 것이겠지요. 따라서 골프공에 신호를 발생하는 장치를 다는 것이 꼭 필요하겠지요.

중력과 만류인력

모든 물질은 서로 잡아당기는 힘이 있습니다. 바로 뉴턴이 발견한 만류인력이 그것이지요. 만약 지구가 회전을 하지 않고 가만히 있다면 만류인력이 바로 중력이 되는 것입니다. 그런데 지구는 하루에 한 바퀴씩 회전을 하고 있지요. 회전을 하는 물체는 회전하는 중심과 반대되는 방향으로 원심력이라는 것이 생깁니다.

따라서 지구 위에 있는 우리가 느끼는 힘은 만류인력과 원심력 두 가지를 합친 힘이 됩니다. 이것이 바로 중력이지요.

그런데 아주 빠르게 회전하지 않을 때는 만류인력에 비해 원심력이 아주 작기 때문에 만류인력과 중력을 같은 의미로 사용해도 큰 문제는 없습니다. 따라서 아주 전문적인 경우를 제외하고는 중력을 만류인력과 같은 의미로 사용합니다.

진공과 무중력

일반인들 중에는 진공과 무중력을 혼동하는 사람들이 많습니다. 진공은 공기가 없는 상태로 중력이 없는 무중력과는 다릅니다.

우주정거장 내부는 무중력이지만 공기가 있기 때문에 진공은 아닙니다. 마찬가지로 달의 표면은 진공이지만 무중력은 아닙니다.

사람들이 둥둥 떠다닐 때 우주복을 입지 않고 있다면 그곳은 진공이 아닙니다. 반대로 우주복을 입었지만 걸어다니고 있다면 그곳은 무중력이 아닙니다.

무중력 상태의 우주선 내부

우주인의 생활

우주정거장이나 우주왕복선에서의 생활은 과연 어떨까요? 여러분 중에 상당수는 그 생활이 무척 낭만적일 것이라고 생각하는 사람도 있을 것입니다. 하루에도 몇 번씩 해가 뜨고 지는 것을 볼 수 있고 밤하늘을 멋지게 수놓는 많은 별들도 볼 수 있으니까요. 우주선에서는 하루에도 몇 번씩 낮과 밤이 반복되기 때문에 해가 떠 있을 때 잠을 자

는 경우도 많습니다.

하지만 우주선에서의 생활이 결코 그렇게 멋진 것만은 아닙니다. 지구와 전혀 다른 좁은 공간 속에서 가장 중요한 것은 어떻게 건강하게 살아갈 수 있느냐는 것입니다. 따라서 우주인들에게 가장 중요한 것은 체력과 인내력일 것입니다. 앞으로 우주 공간에서의 환경이 지구와 비슷하게 계속 개선될 것이지만 그래도 오랫동안 땅 위에서 생활한 사람들에게는 오랜 우주 생활이 그렇게 편하지만은 않을 것입니다.

우주에서의 음식

입맛이 까다롭고 맛있는 음식만을 좋아하는 사람이라면 우주인이 되는 것을 다시 생각해 봐야 할 것입니다. 우주선에서의 식사가 지난 수십 년 동안 많이 좋아졌지만 그래도 땅 위에서 먹는 식사에 비한다면 여전히 부족할 수밖에 없거든요. 뜨거운 김치찌개나 지글지글 불판에 익히는 삼겹살 구이를 우주선에서 먹을 수는 없답니다. 하지만 너무 걱정하진 마세요. 여러분이 어른이 되어서 우주로 나갈 때까지는 아직도 시간이 많기 때문에 그동안에 음식도 더 좋아질 것입니다.

우주의 무중력 상태에서 오랫동안 생활하면 뼈와 근육이 약해지기 때

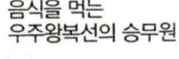
음식을 먹는 우주왕복선의 승무원

문에 우주인들은 균형있고 영양가 있는 음식을 먹어야 합니다. 초기의 우주 음식들은 치약처럼 튜브에 담겨 있거나 냉동 건조된 것들이 대부분이었습니다. 덩어리로 된 음식들은 부스러기가 나지 않도록 한 입 크기로 만들어졌습니다. 하지만 요즘은 피자를 먹을 수도 있고, 새우나 치킨을 포함해서 우주선에서 먹을 수 있는 음식의 종류는 300가지도 넘습니다. 우주인들은 출발하기 6개월 전부터 음식 전문가들과 회의를 거쳐 본인의 입맛에 맞는 우주 음식을 직접 개발하여 가져갈 수도 있습니다. 다만 과일이나 음료수 등과 같이 물기가 있는 음식물은 발사 때의 무게를 줄이기 위해 진공 건조시켰다가 먹기 바로 전에 수분을 공급해 먹습니다. 그러나 우주선에서 먹는 대부분의 음식들은 냄새를 맡을 수 없기 때문에 땅에서만큼 맛있지는 않습니다. 음식을 먹기 위한 포크나 숟가락에는 자석이 붙어 있어서 식사 중에 공중에 떠다니지 않게 합니다.

멕시코 음식인 또띠야를 먹는 우주왕복선의 승무원

일반인도 우주여행을 할 수 있는 방법이 있나요?

데니스 티토
세계 최초로 우주여행을 다녀온 미국의 억만장자.

일반인으로서 여행 경비를 지불하고 최초로 우주여행을 한 사람은 미국의 사업가인 데니스 티토입니다.

그는 60살의 나이로 2001년 4월 28일부터 8박 9일 동안 국제우주정거장을 여행하여 세계 최초의 우주 관광객이 되었습니다.

티토가 우주여행을 하기까지는 젊은 시절부터 꿈을 이루기 위한 남다른 노력을 했기 때문입니다. 티토는 스푸트니크 위성이 발사된 1957년에 우주비행사가 되기로 결심하고 대학을 졸업하면서 바로 미항공우주국(NASA)에 입사했습니다.

하지만 우주비행사가 군인들로만 구성되는 것을 보고 실망하여 NASA를 그만두고 사업을 시작했습니다. 그리고 마침내 사업에 성공하여 2천만 달러라는 거액을 내고 평생의 꿈을 이루게 된 것입니다.

2002년 4월 26일에는 남아프리카공화국의 인터넷 재벌인 마크 셔틀워스라는 28살의 젊은이가 역시 2천만 달러를 내고 두 번째로 우주정거장을 여행했습니다. 그 역시 어린 시절부터 우주를 여행하는 것이 꿈이었다고 합니다.

앞으로 십여 년 정도가 지나면 일반인들도 훨씬 적은 금액으로 우주여행을 할 수 있을 것

같습니다.

　몇 년 전 독일의 다임러 크라이슬러라는 자동차 회사는 2020년 개장을 목표로 객실 56개 짜리 호텔을 국제우주정거장(ISS)에 건립한다고 밝혔고, 일본의 시미즈사는 헬스센터와 인공 중력 장치를 갖춘 궤도운항 호텔을 만들겠다고 발표했습니다.

　또한 미국의 기업 중에는 1백 km 이상 날아올라 지구를 바라볼 수 있는 상업용 우주선을 만들고 있는 곳도 있습니다. 이런 추세라면 최소한 앞으로 10~20년 뒤에는 일반인들도 1인당 수백만 원에서 수천만 원 정도의 비용으로 우주여행을 할 수 있는 시대가 올 것입니다.

우주에서도 멀미를 할까요?

우리 친구들은 대부분 차멀미를 해 본 경험이 있을 것입니다. 특히 차를 자주 타지 않는 사람일수록 차멀미를 더 심하게 느낍니다. 하지만 차를 자주 타게 되면서 차멀미를 하는 습관도 서서히 줄어들게 되지요. 마찬가지로 배를 처음 타는 사람은 심한 배멀미를 하게 됩니다. 그럼 차멀미나 배멀미를 하는 이유는 무엇일까요?

우리가 자세를 유지하는 것은 눈과 귀, 그리고 손과 발 등의 감각을 통해서입니다. 그런데 차나 배가 흔들리게 되면 이들 감각기관들이 충분한 정보를 머리에 보내주지 못하게

됩니다. 따라서 현기증이 나거나 토하기도 하는 멀미를 하게 됩니다.

그렇다면 우주선을 탔을 때도 멀미를 하게 될까요? 네, 그렇습니다. 처음 우주선을 타는 사람들은 대게 하루나 이틀 정도 현기증이나 구토, 두통을 느끼게 됩니다. 심할 경우 며칠 동안은 제대로 먹지도 못하고 식은땀을 흘리며 고통을 받기도 한다고 합니다. 물론 우주선을 탔을 때의 멀미는 무중력 상태에서의 멀미이기 때문에 차멀미나 배멀미와는 원인이 다를 것입니다. 하지만 우주멀미도 시간이 지나면서 무중력에 익숙해지면 서서히 사라집니다.

우주인들은 우주멀미를 느끼지 않기 위해 많은 시간 동안 무중력 상태에 대한 적응 훈련을 해야 합니다. 우주 멀미약이 있기는 하지만 아직 확실하게 효과가 있는 것은 아닙니다. 아직도 과학자들은 우주멀미에 대한 정확한 원인을 알기 위해 연구 중입니다.

허블우주망원경을 을 수리중인 우주인

우주정거장에서도 과자를 먹을 수 있을까요?

여러분들이 좋아하는 과자를 우주정거장에서 먹는다면 어떤 일이 벌어질까요? 그리고 실제로 이런 과자를 우주정거장에서 먹을 수 있을까요?

물론 우주정거장에서 과자를 먹을 수는 있습니다. 하지만 매우 위험하기 때문에 조심해야 합니다. 과자를 먹다가 과자 부스러기를 흘리게 되면 여러 가지 문제가 생길 수 있습니다.

과자 부스러기가 공기 중을 떠다니다가 기계들 속에 들어가 고장을 일으킬 수도 있답니다. 우주인들이 먹는 음식들이 튜브에 담겨져 있었던 이유 중의 하나가 바로 부스러기를 떨어뜨리지 않기 위해서랍니다.

식사를 하는 우주인들

무중력 상태에서는 음식이 어떻게 소화가 되나요?

초기의 우주여행에서는 무중력 상태에서도 음식을 먹을 수 있을지가 의문이었습니다. 음식이 식도를 거쳐 위로 내려가기 위해서는 중력이 필요하다고 생각했기 때문이지요.

하지만 실제 실험에서 소화는 특별한 문제가 없었습니다. 음식은 일단 목구멍을 통과한 후에는 식도의 운동에 의해 위로 밀려 들어가기 때문입니다.

이것은 여러분도 간단한 실험을 통해 확인할 수 있습니다. 물구나무서기를 한 상태에서 음식을 먹어 보세요. 힘들기는 하지만 음식을 소화하는 데 큰 어려움이 없다는 것을 알 수 있을 것입니다.

다만 무중력 상태에서는 음식물을 흘리지 않고 입으로 넣는 것이 더 어려운 일입니다.

식사를 하는 우주인들

우주에서의 배설

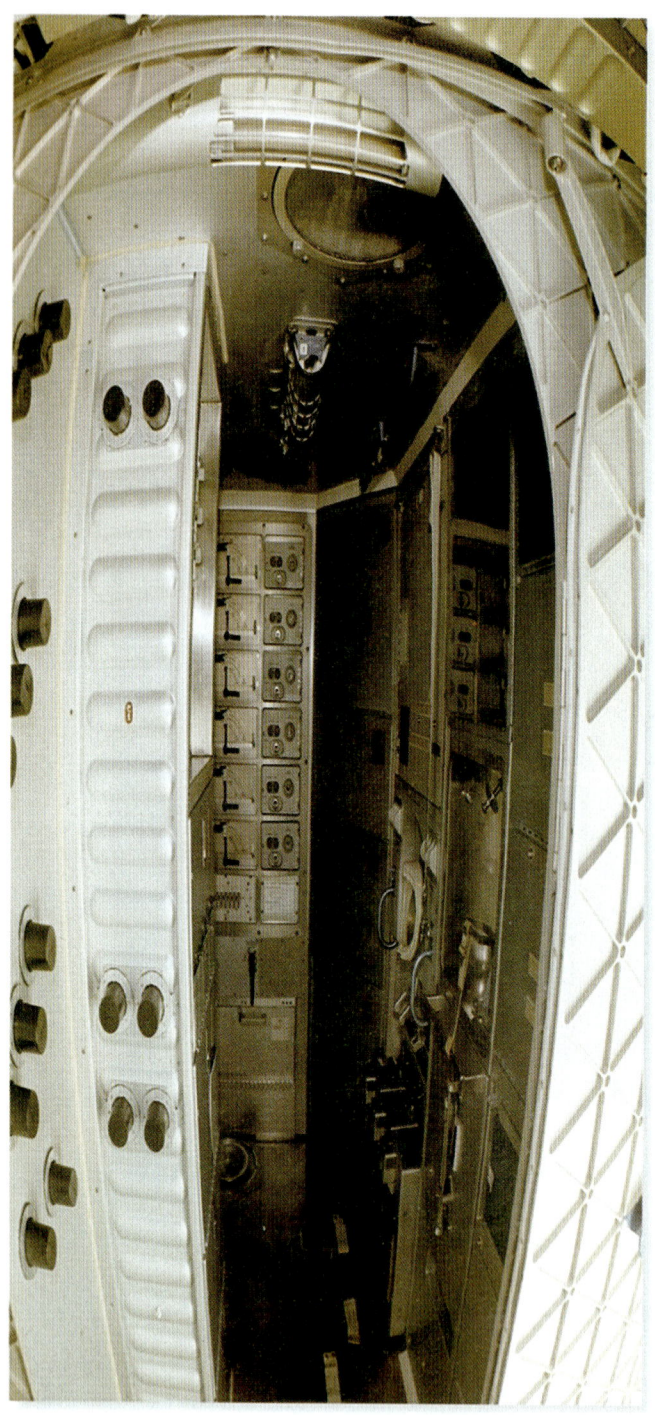

초기의 우주선에는 화장실이 없었기 때문에 우주인들은 우주복 속에 자신의 배설물을 저장하는 수밖에 없었습니다. 하지만 요즘의 우주정거장과 우주왕복선에는 청결한 화장실이 준비되어 있습니다. 그러면 우주인들이 사용하는 화장실은 어떤 모양을 하고 있을까요? 우리는 흔히 수세식 화장실을 떠올릴 것입니다. 하지만 무중력 상태에서는 수세식 화장실을 사용할 수 없습니다. 우주 화장실에서는 물이 아니라 공기를 이용해 배설물을 빨아들이는 기세식 화장실이 설치되어 있습니다. 또한 대변을 볼 때 다리에 힘을 주어야 하기 때문에 변기에는 몸을 고정시키는 장치도 부착되어 있습니다.

대변은 변기 밑으로 빨려들어가서 순간적으로 수분이 분리되고 냉동 건조되어 탱크 속에 저장됩니다.

소변은 호스 끝에 달린 원추형 컵 속에 보게 되는데, 이 호스는 진공청소기처럼 소변을 빨아들입니다. 소변은 정화 처리되어 다른 용도로 사용되거나 우주로 버려집니다. 우주선에서 밖으로 버려지는 소변은 아주 작은 얼음 알갱이로 변하는데 해질 무렵 햇빛을 받아 반짝이는 모습이 아주 장관이라고 합니다. 1960년대 초에 우주비행을 했던 존 글렌은 "반딧불처럼 빛나는 수많은 작은 물체가 우주선 둘레를 날고 있다."라고 지구에 보고한 적이 있는데 이 '우주 반딧불'의 정체가 바로 우주선 밖으로 버린 글렌 비행사 자신의 소변이었다고 합니다.

우주에서의 수면

우주에서 잠을 자는 데는 특별히 어려운 점이 없습니다. 몸을 누르는 압력이 없기 때문에 오히려 땅에서보다 편안하게 잠을 잘 수 있다고 합니다. 다만 몸이 허공을 떠다닐 수 있기 때문에 몸을 고정시킬 필요는 있습니다. 우주왕복선이나 우주정거장에는 관처럼 생긴 1인용 침실이 준비되어 있는데 우주인들은 이곳에서 침낭 속에 들어가 잠을 자게 됩니다. 일반적으로 우주에서는 지구에서보다 하루 평균 2시간 정도 잠을 덜 자게 되는데 그 이유에 대해서는 지금도 연구 중입니다.

침낭속에 있는 우주인

우주에서의 목욕

목욕하는 것을 좋아하는 사람들은 우주에서 생활하는 동안 목욕을 하지 못할 것을 걱정하기도 할 것입니다. 하지만 우주정거장에도 특별한 샤워 시설이 설치되어 있습니다. 몇 달 동안 우주에 머문다면 샤워 시설은 필수일 것입니다. 샤워 시설은 땅에 있는 것과 비슷합니다. 원형의 통에 들어가 샤워 커튼을 치고 샤워기를 이용해 샤워하면 됩니다. 다만 물이 사방으로 흩어지는 것을 막기 위해 물방울을 빨아들이는 진공장치가 설치되어 있습니다. 샤워장에서 나온 물은 깨끗하게 정화되어 재활용됩니다. 우주왕복선은 우주정거장에 비해 공간이 좁기 때문에 따로 샤워장이 설치되어 있지 않습니다. 우주왕복선에 오래 머물 경우에는 살균제가 든 스펀지에 물을 적셔서 몸을 닦아 줍니다. 그런데 이 일도 쉬운 것은 아닙니다. 아주 작은 물방울이 주위로 날아갈 수 있기 때문에 몸을 닦은 후에는 재빨리 수건으로 수분을 닦아내야 합니다. 이런 이야기를 들으면 목욕하기 싫어하는 친구들은 자신이 우주 체질이라고 좋아할지도 모르겠네요. 하지만 몸을 청결하게 하는 것은 건강을 위해 매우 중

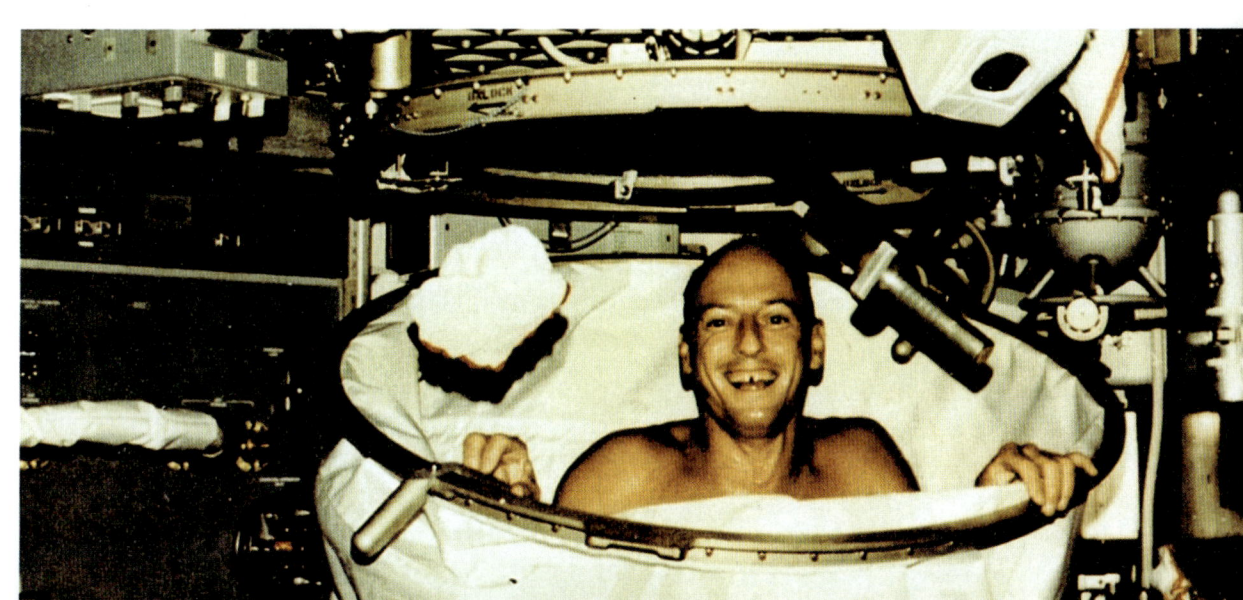

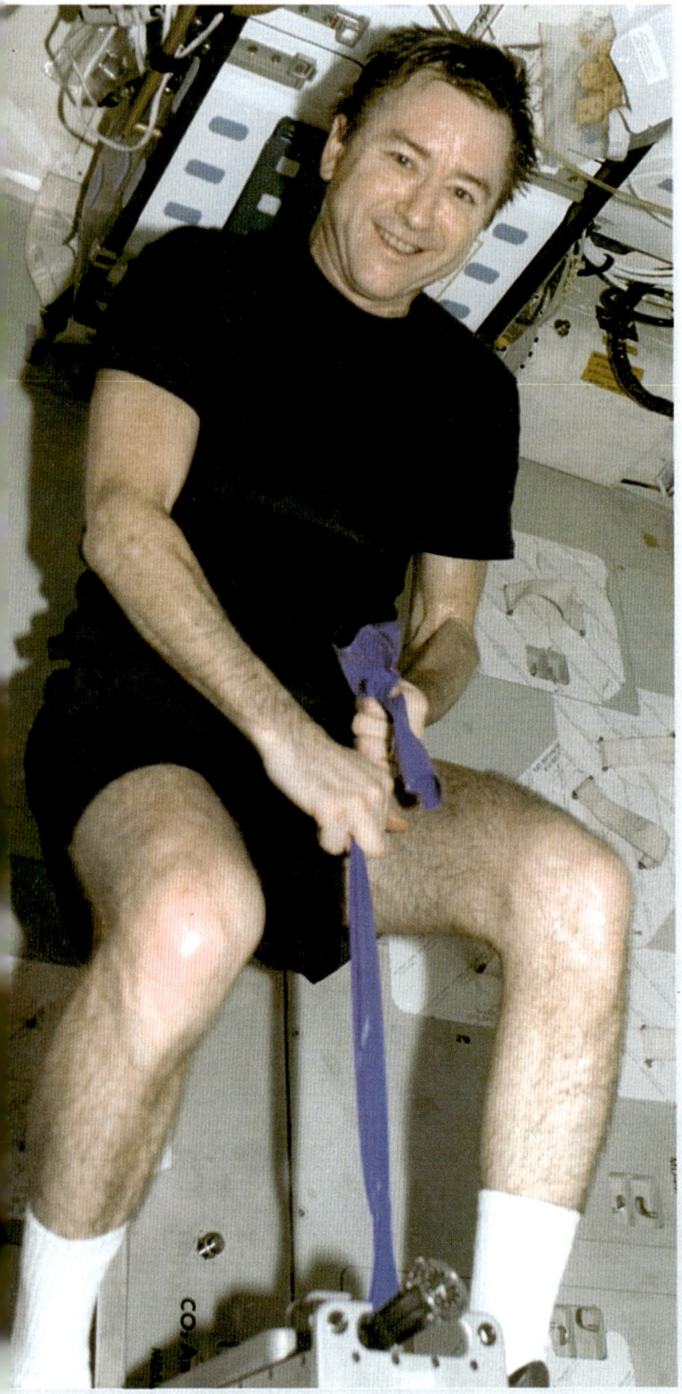

요한 일입니다.

우주에서의 운동

우주에 오래 머물게 되면 몸에 안 좋은 여러 가지 증상이 나타납니다. 쉽게 피로를 느끼고, 불면증에 빠지기도 하고, 얼굴이 부어오르기도 합니다. 피가 머리 위로 올라가기 때문에 심장의 활동도 줄어들며 피 속에 있는 적혈구의 수도 10% 이상 감소한다고 합니다. 움직이는 범위가 줄어들고 근육을 쓸 일이 없기 때문에 근육과 뼈도 약해집니다. 이런 부작용을 막기 위해 우주에서는 적절한 운동이 필요합니다. 우주왕복선와 우주정거장에는 우주인들을 위해 특별히 고안된 러닝머신이 설치되어 있습니다. 우주인들은 하루에 30분 정도 의무적으로 이 기계로 운동을 해야 합니다.

우주에서 오랫동안 머문 우주인들은 일반적으로 키가 좀 커지고, 허리와 허벅지의 살이 빠집니다. 키가 작고 뚱뚱한 친구들은 오히려 우주가 다이어트를 위한 좋은 장소가 될 수도 있겠지요. 하지만 지나친 다이어트는 몸에 해롭습니다.

우주인들의 식탁에도 의자가 있을까요?

우주인들은 우주정거장에서 식탁에 모여 함께 식사를 할 때 의자에 앉아서 먹지 않습니다. 하지만 이들의 자세는 마치 의자에 앉아 있는 것과 같습니다.

그렇다면 우주인들이 투명 의자에 앉아 있는 것일까요? 물론 투명 의자는 없습니다. 무중력 상태에서는 어떠한 자세를 하고 있어도 특별히 불편하지 않습니다. 의자에 앉아 있는 것과 그냥 의자에 앉아 있는 자세를 취하는 것이나 똑같습니다. 따라서 우주정거장의 식탁에는 의자가 필요하지 않습니다.

우주에서도 생일 케이크에 촛불을 켤 수 있을까요?

우주정거장에 머무는 우주인이 생일을 맞았다면 그곳에서 케이크에 촛불을 켤 수 있을까요?

땅에서 촛불을 켜면 불꽃이 위로 봉긋하게 타오르는 모양이 됩니다. 이것은 촛불에 의해 온도가 올라간 공기가 가벼워져서 위로 올라가기 때문에 일어나는 현상입니다.

그런데 무중력 상태에서는 위 아래의 구분이 없기 때문에 가벼워진 공기가 초의 윗부분으로 올라가지 않습니다. 따라서 초에 불은 붙겠지만 촛불이 위로 타오르지 않아서 금방 꺼질 것입니다.

별의별 우주견문록
3
세 번째
여행

우주인

우주인을 생각하면 떠오르는 것 중의 하나가 바로 우주선 밖에서 우주인들이 입고 있는 우주복일 것입니다. 우주복은 우주 공간에서 날아오는 태양풍이나 우주 방사선으로부터 인간을 지켜주는 역할뿐 아니라 우주선 밖에서 활동을 할 수 있도록 도와주는 작은 우주선과 같은

장비입니다. 현재 우주왕복선에서 우주인들이 사용하는 우주복은 수냉식의 냉각용 하의, 몸의 압력을 유지해 주는 기밀복, 온도 변화와 방사선으로부터 몸을 보호하는 보호복 등으로 이루어져 있습니다. 또한 우주선 밖에서 활동할 때 생명을 유지하기 위한 장치와 통신 장비 등도 우주복에 부착되어 있습니다.

우주복의 무게는 약 120kg 정도로, 옷을 입는 데만 15분 정도나 걸립니다. 지구에서 이런 옷을 입는다면 아마 서 있기도 힘들 것입니다.

우주왕복선이 출발할 때 우주인들이 입는 오렌지 색의 우주복은 우주선 내에 비상 사태가 발생하여 기압이나 온도가 떨어지거나 공기가 오염되었을 때를 대비해서 입는 옷입니다.

우주인이 되는 방법

현재 우리나라에는 우주인을 양성하기 위한 특별한 프로그램이 마련되어 있지 않습니다. 2005년에 우주인 선발대회를 거쳐 2008년에 이소연 씨가 최초의 우주인으로 탄생하긴 했지만 이런 행사가 언제 다시 또 있을지는 모릅니다. 현재로서는 미항공우주국에서 선발하는 우주비행사 후보로 뽑히는 것이 우주인이 되는 가장 빠른 방법일 것입니다.

그러면 미국의 우주비행사는 어떤 역할을 하는 사람들일까요? 우주비행사에는 우주선을 조종하는 비행 우주비행사와 과학실험을 맡는 임무전문가 우주비행사가 있습니다. 비행 우주비행사는 우주선의 선장과 우주선을 조종하고 시스템을 관리하는 조종사를 말합니다. 임무전문가 우주비행사는 우주선에서 여러 가지 실험을 수행하는 우주선 실험 전문가(Payload Specialist, 줄여서 PS라고 함), 그리고 우주선의 특수 임무를 수행하는 탑승 임무 기술자(Mission Specialist, 줄여서 MS라고 함)가 있습니다. 우주선의 선장이나 조종사는 전투기 조종사 출신들이 대부분이지만 전문적인 지식을 살려서 우주선에서 실험을 수

우주비행사(위)와 임무전문가(아래)

행하는 PS나 여러 가지 특수 임무를 수행하는 MS들은 자연과학이나 공학 분야, 사회과학 분야의 다양한 전문가들이 포함됩니다.

1959년에 미국에서 최초로 선발된 7명의 우주인들은 모두 조종사들로 직업 군인이었습니다. 하지만 그 후 우주에서의 다양한 작업이 필요해지면서 우주인들의 자격도 많이 바뀌었습니다. NASA의 공식적인 발표에 의하면 미국의 우주인들은 인종이나 피부색과는 무관하게 누구나 지원이 가능합니다.

NASA는 현재 전 세계에서 지원하는 수천 명의 지원자를 대상으로 2년마다 대략 100명의 남녀를 우주인 후보로 선발하여 훈련을 실시합니다. 그리고 훈련에서 우수한 성적을 거둔 몇 명을 최종 우주인으로 선택하게 됩니다. 일본의 경우도 몇 년에 한 번 꼴로 우주비행사를 선발하는 시험을 실시합니다. 일본에서 선발된 우주비행사들도 미국

수중훈련을 준비하는 우주인

123

NASA에서 훈련을 받고 그곳에서의 훈련 과정을 통과하면 정식 우주인이 됩니다. 2003년까지 일본에서 선발되어 미국의 우주선에 탑승한 우주인은 모두 8명이었습니다.

이전의 우주인들은 우주인이 되겠다는 꿈이 있다면 초등학교 때부터 기초를 쌓는 것이 중요하다고 말합니다. 특히 수학과 과학은 우주인이 되기 위해 공부해야 할 가장 중요한 과목입니다. 그 외에도 우주인이 되기 위해서는 특별히 자신이 관심 있는 분야뿐만 아니라 우주와 우주인에 대한 내용이라면 무엇이든 다 읽어야 한다고 말합니다.

이외에도 동료들과 함께 한 팀을 이루어 일하

는 법을 알아야 하고, 자기 나라의 문화나 역사, 그리고 미국의 역사와 시사 문제에 대해서도 잘 알아야 합니다. 특히 과거에 선발된 195명의 우주인들 중에 64%나 되는 123명이 학교에서 소년단 활동을 했다는 것은 매우 흥미로운 일입니다. 소년단 활동을 통해 협동심을 비롯한 다양한 활동을 배운 것입니다.

빛보다 빠른 우주선을 만들 수 있을까요?

인류가 최초로 우주선을 발사한 지 이제 50년 정도가 지났습니다. 그동안 과학의 발달로 우주선의 성능이나 모양도 많이 좋아졌습니다. 현재 인간이 만든 기계 중에 가장 빨리 움직이는 것이 바로 우주선입니다.

행성을 탐사하기 위해 쏘아 보낸 우주선들은 한 시간에 약 4만 km의 속도로 날아갑니다. 이 정도의 속도이면 서울에서 대전까지는 15초, 부산까지는 40초에 갈 수 있답니다. 하지만 우주는 이 정도의 우주선으로 가기에는 너무 멀고 넓습니다.

태양계의 마지막 행성인 명왕성까지의 거리는 약 60억 km입니다. 시속 4만 km의 우주

선으로 곧장 날아가도 명왕성까지는 17년이라는 긴 시간이 걸립니다.

하지만 명왕성은 아주 가까운 곳입니다. 태양에서 가장 가까운 별인 켄타우루스자리의 알파별은 태양에서 약 40조 km나 떨어져 있습니다.

현재의 우주선 속도로 이곳까지 간다면 최소한 11만 4천 년 정도의 시간이 걸립니다. 따라서 지금의 우주선으로 태양계를 넘어 다른 별에 간다는 것은 거의 상상할 수도 없는 일입니다.

영화 속에서는 멀리 있는 다른 별에 가는 방법으로 빛의 속도로 날아가는 우주선을 이용하거나 순간적으로 공간을 이동하는 워프라는 방법을 씁니다. 과연 빛의 속도로 여행을 하는 것이 가능할까요? 또한 빛보다 빠르게 공간을 이동하는 워프는 가능할까요?

미국의 우주비행사 선발 기준

비행 우주비행사에 지원하려면 미국 국민(시민권자)이어야 하며, 대학에서 공학, 생명과학, 물리, 수학 등과 관련된 학과를 나와야 합니다.

그리고 우주선을 조종하기 때문에 제트기 조종사로서 1천 시간 정도 비행한 경험이 있어야 합니다. 신체적으로는 시력이 0.4 이상이어야 하며, 신장은 160~190㎝ 사이여야 합니다.

임무전문가 우주비행사의 조건은 비행 우주비행사와 비슷하지만 반드시 미국 시민일 필요는 없습니다. 하지만 NASA가 요구하는 건강과 신체적 조건이 엄격히 맞아야 합니다.

시력은 맨눈으로 0.2 이상에 교정 시력이 1.0이상, 신장은 152~193㎝ 사이이면 됩니다. 그리고 공학, 생명과학, 물리, 수학 등에 관한 학사학위와 3년 정도의 관련분야 근무경력이 있어야 합니다.

회사를 다니지 않고 공부를 했을 경우 석사는 1년, 박사는 3년 정도를 실무 경력으로 대치할 수 있습니다. 이러한 신체조건 외에도 모든 우주비행사들은 협동심이 있어야 하고, 영어를 잘해야 합니다. 그 이유는 우주선을 탄 사람이나 지상요원들과 원활한 대화를 해야 하기 때문입니다.

일본의 우주비행사 응모 자격

1) 일본 국적을 가진 자
2) 자연과학계열의 대학 졸업 이상의 학력을 가진 자(자연과학계열이란 이학부, 공학부, 의학부, 치학부, 약학부, 농학부를 뜻함).
3) 자연과학계의 연구, 설계, 개발 등에서 3년 이상 실무 경험을 쌓은 자
4) 우주비행사로서의 훈련활동, 폭넓은 분야의 우주비행활동 등에 원활하고 유연하게 대응할 수 있는 능력(과학지식, 기술 등)을 가진 자

5) 국제적인 우주비행사 팀의 일원으로서 원활한 의사소통이 요구되므로 영어가 능통한 자
6) 우주비행사로서의 훈련 활동, 장기 우주 체제 시 적응 가능한 의학적·심리학적 특성을 가진 자
7) 일본인 우주비행사로서 이에 걸맞은 교양을 지닌 자
8) 10년 이상 우주 개발 사업단에 근무 가능하고, 동시에 해외에서 근무가 장기간 가능한 자
9) 소속 기관의 추천을 받은 자

선발 방법
응모 서류에 의한 심사, 영어 시험, 1차 의학 검사, 일반 교양 시험, 기초적 전문 시험, 심리 적응성 검사, 2차 의학 검사, 면접시험, 장기 체재 적응성 검사 등(일본우주개발사업단)

A) 의학적 특성

키: 149cm 이상 193cm 이하

혈압: 최고 혈압 140mmHg 이하인 동시에 최저 혈압 90mmHg 이상

시력: 양쪽 모두 본 시력 0.1 이상, 교정 시력 1.0 이상

색신경: 정상

청력: 정상

기타: 신장 등이 건강하며, 우주비행사로서의 업무에 지장이 없는 자

B) 심리학적 특성

협동성, 적응성, 정서 안정성, 의지력 등 국제적인 팀의 일원으로 장기간 우주비행사 업무가 가능한 심리학적 특성을 가진 자

3 달력 이야기

우주견문록

천문학이 발달하지 않았던 고대에는 사람들 사이에 정확한 시간 약속을 한다는 것이 무척 힘들었습니다. 또한 언제 곡식의 씨를 뿌려야 할지, 언제부터 추운 겨울을 준비해야 하는 지를 예측하기 어려웠습니다. 천문학의 발달로 정확한 시간과 날짜를 잴 수 있게 되면서 사람들 사이에 약속이 가능해졌고, 미래를 예측하면서 계절을 준비하는 것도 가능해졌습니다.

거의 완벽한 달력을 갖게 된 요즘은 어린이 여러분들도 **달력을 통해 계절의 변화**를 알 수 있고, 매일매일 **친구들과 정확한 약속**을 할 수 있게 되었지요.

달력과 계절 이야기

자연 과학 중에서 가장 먼저 발달된 학문이 바로 천문학이란 것을 아는 사람은 많지 않을 것입니다. 또한 우리가 일상생활을 하면서 가장 자주 접하는 학문이 천문학이라는 것을 아는 사람도 거의 없을 것입니다. 천문학이라고 하면 대부분의 사람들은 별자리나 점성술을 생각하고 실제로 생활 속에서는 거의 몰라도 되는 학문 정도로 알고 있을 것

입니다. 하지만 우리 인간의 생활이 천문학적인 지식 없이는 하루도 편하게 지내기 힘들다는 것을 알게 된다면 천문학이 다르게 생각될 것입니다.

우리가 매일 한번 이상씩 쳐다보게 되는 시계와 달력이 바로 천문학에서 만들어진 것입니다. 하루는 지구가 자전을 하는 시간을 기준으로 만들어졌고, 한 달은 달의 공전 주기를 기초로 만들어졌습니다. 또한 일년은 지구의 공전 주기를 재어서 정해진 것입니다. 따라서 지구와 달, 그리고 태양의 정확한 위치를 알기 위해 천문학적인 지식이 필요했고, 천체들의 정확한 위치 정보를 바탕으로 정확한 시간과 날짜를 알아내는 것이 천문학의 중요한 역할이 되었습니다.

천문학이 발달하지 않았던 고대에는 사람들 사이에 정확한 시간 약속

을 한다는 것이 무척 힘들었습니다. 또한 언제 곡식의 씨를 뿌려야 할지, 언제부터 추운 겨울을 준비해야 하는 지를 예측하기 어려웠습니다. 천문학의 발달로 정확한 시간과 날짜를 잴 수 있게 되면서 사람들 사이에 약속이 가능해졌고, 미래를 예측하면서 계절을 준비하는 것도 가능해졌습니다.

거의 완벽한 달력을 갖게 된 요즘은 어린이 여러분들도 달력을 통해 계절의 변화를 알 수 있고, 매일매일 친구들과 정확한 약속을 할 수 있게 되었지요.

이번 책에서는 달력이 어떻게 발달했고, 달력 속에 어떠한 정보들이 숨어져 있는 지에 대해 자세히 알아보도록 하겠습니다.

달력은 언제부터 만들어졌나?

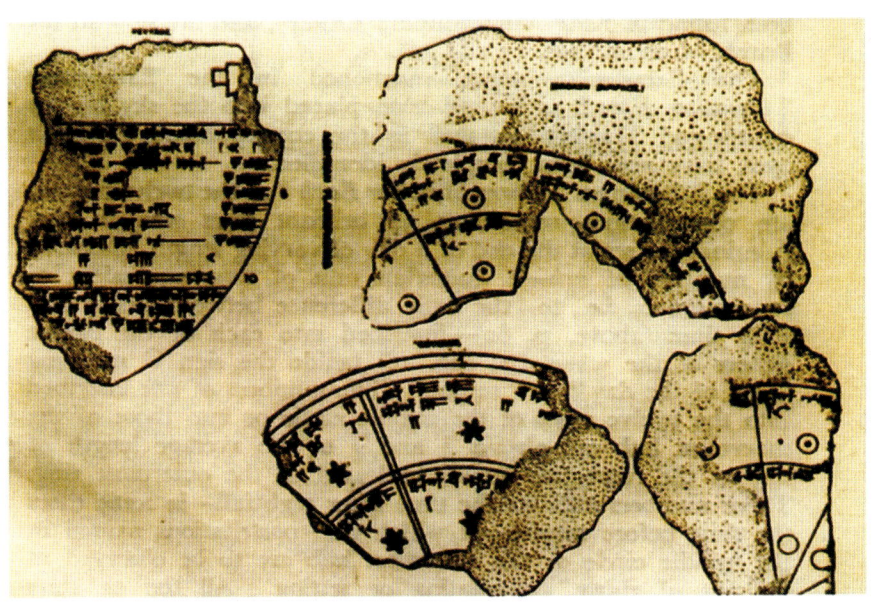

달력의 역사는 인류의 역사와 같다고 보아도 될 것 같습니다. 사람이 생활을 하기 위해서는 날짜가 가는 것을 알아야 하고, 계절의 변화를 생각해야 하기 때문이지요. 최초로 달력이 만들어진 시기는 거의 구석기 시대라고 알려져 있습니다. 당시 사람들은 달이 차고 기울어지는 모습을 동물 뼈에 기록해서 날짜를 센 것 같습니다. 프랑스에서 발견된 독수리 뼈에는 지금으로부터 약 13,000년 전 구석기인이 기록했을 것으로 여겨지는 달의 모습이 그려져 있습니다. 이것이 아마 최초의 달력이 아니었을까 생각됩니다.

초기의 달력들은 모두 달을 기준으로 만들어졌습니다. 천문학적인 지식이 없더라도 매일 매일 달의 모양이 변하는 것을 보면서 시간이 가는 것을 알 수 있었으니까요. 보름달에서 다음 보름달까지는 대략 한 달이

삭망월

달이 지구 둘레를 공전하는 동안 태양과 같은 방향에 위치하여 달이 보이지 않는 때를 삭(그믐)이라 하고, 태양의 반대쪽에 위치하여 보름달 모양으로 보이는 때를 망이라 한다. 이때, 삭에서 다시 삭, 망에서 다시 망이 될 때까지 걸리는 시간, 즉 달의 모양 변화를 기준으로 한 공전 주기로 약 29.5일이다.

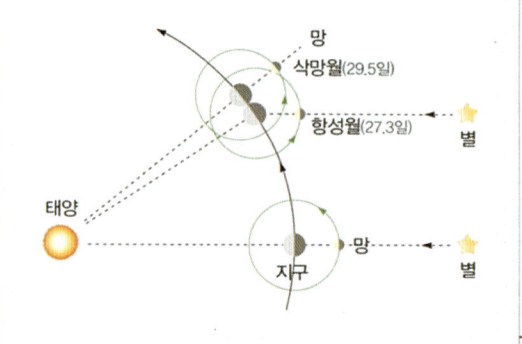

걸립니다. 사람들은 달의 모양이 열 두 번 정도 바뀌면 다시 원래의 계절이 돌아온다는 것을 경험적으로 깨닫게 되었지요. 그래서 달은 세월의 흐름을 알 수 있는 가장 쉬우면서도 중요한 시계가 되었습니다.

그런데 왜 요즘은 달을 이용한 음력을 사용하지 않고 해를 기준으로 한 양력을 사용할까요? 달을 이용하면 정확히 일년의 길이를 재기가 어렵습니다. 자 한번 생각해볼께요.

보름달에서부터 다음 보름달까지 변하는데는 약 29.5일이 걸립니다. 이것을 우리는 **삭망월**이라고 합니다. 즉, 삭망월은 삭(그믐)에서 망(보름)을 거쳐서 달의 모양이 바뀌는 데 걸리는 시간을 뜻합니다. 그러면 달의 모양이 변화하는 것을 기준으로 열 두 달이 흐르면 실제로 날짜는 얼마나 흘렀을까요? 29.5일에 12를 곱하면 354일이 나옵니다. 음력으로 열두달을 하면 우리가 알고 있는 일 년의 길이인 365일(정확하게는 365일보다 조금 더 깁니다.)보다 11일이 적게 됩니다. 따라서 달의 길이만으로 일년을 따지게 되면 3년 정도가 지나면 그 오차는 33일이 되기 때문에 한 달 정도의 차이가 나오게 되지요. 결국 음력을 이용하게 되면 계절의 변화와 달력이 맞지 않는 일이 생기게 됩니다.

따라서 초기의 문명들은 음력의 오차를 어떻게 고쳐서 실제 계절 변화와 맞게 하느냐의 문제를 해결하기 위해 많은 노력을 기울였습니다. 고대 바빌로니아 사람들은 음력의 오차를 해결하기 위해 어떤 해는 13달을 일 년으로 정했고, 또 어떤 해는 12달을 일년으로 정해서 생활했습니다. 그런데 교통이나 통신이 발달하지 않은 고대에 매년 올해가 몇 달이라는 것을 서로 알려서 사용하는 것은 무척 불편했겠지요. 고대 그리스 사람들은 8년마다 일년을 14달로 사용하기도 했고, 유대인들은 3년에 한번씩 13달을 일년으로 사용했습니다.

   달력을 사용하는 가장 중요한 이유는 바로 시간의 흐름을 정확히 알아서 미래를 예측하기 위한 것입니다. 특히 농사를 주된 생계수단으로 여겼던 농경문화에서는 언제 씨를 뿌리고, 언제 추수를 하고 하는 것을 정확히 예측하는 것이 매우 중요했겠지요. 달력이 정확하지 않다면 사람들은 매우 혼란스러웠을 것입니다.

계절의 변화

자, 그럼 여기서 일년이라는 시간과 계절의 변화에 대해 자세히 알아보기로 하겠습니다.

일년이라고 하는 것은 바로 지구가 태양을 공전해서 원래의 위치로 오는데 걸리는 시간입니다. 그 일년 동안 해의 고도가 바뀌고 낮시간이 길어졌다 짧아졌다는 반복하게 되는 것이지요.

음력을 이용한 달력의 문제가 바로 여기에 있습니다. 일년의 길이는 태양을 공전하는 것을 기준으로 하는데 반해서 음력은 달의 공전을 기준으로 하기 때문에 당연히 오차가 생기게 되겠지요.

계절의 변화는 달이 아니라 태양 때문에 생기는 일입니다. 태양이 높이 뜨면 낮의 길이가 길어지고 온도가 올라가게 되지요. 반대로 태양의 고도가 낮아지면 날의 길이가 짧아지고 기온이 떨어지게 됩니다.

그러면 계절의 변화는 왜 생기는 것일까요?

자, 아래의 그림을 볼까요?

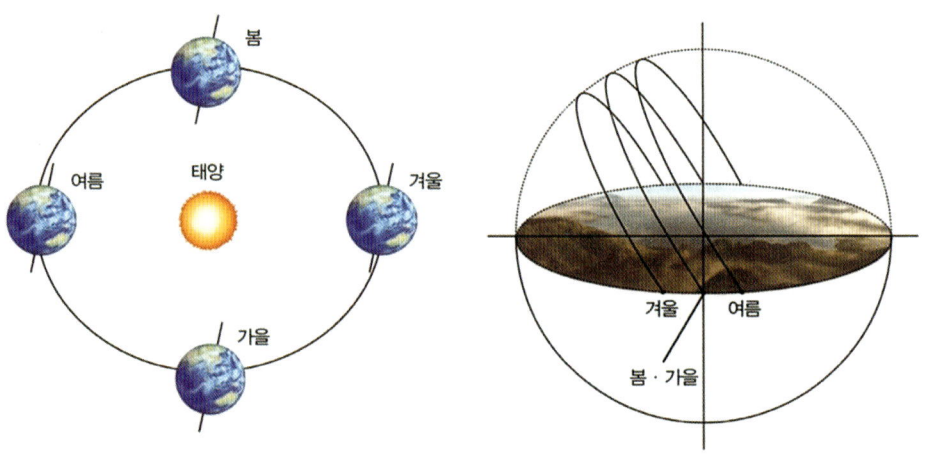

계절의 변화가 생기는 가장 중요한 이유는 바로 지구가 기울어져서 공전하고 있기 때문입니다.

여름이 겨울보다 더운 이유에 대해서 물어보면 많은 사람들이 지구와 태양의 거리가 여름이 짧기 때문이라고 대답을 합니다. 하지만 이것은 잘못된 대답이에요. 사실 지구와 태양의 거리는 여름이 겨울보다 조금 더 깁니다.

지구는 북극에서 남극으로 이어지는 자전축을 기준으로 약 23.5도 정도 기울어져서 태양을 공전하고 있어요. 여름이 되면 지구의 자전축은 태양쪽을 향하게 됩니다. 그러니까 태양은 지구의 북극에 더 가까워지는 것이지요. 이 말은 태양이 북쪽으로 높이 올라온다는 것이고, 우리나라에서 보면 태양의 고도가 높아진다는 뜻이 됩니다.

반대로 겨울이 되면 지구의 자전축은 태양의 반대쪽을 향하게 됩니다. 즉, 태양이 북극에서 멀어져서 남쪽으로 내려간다는 것입니다. 우리나라에서 보면 태양의 고도가 낮아지고 해가 비치는 낮 시간이 짧아진다는 것이 되지요.

봄과 가을에는 지구의 자전축이 태양에 수직하게 위치해서 태양은 지구의 적도 위에 있게 됩니다. 그래서 낮과 밤의 시간이 비슷하게 되는 것이지요. 자, 조금 어려웠지요. 이것은 그림으로 보아야만 좀 더 쉽게 이해할 수 있습니다.

각 계절에 지구와 태양의 기울기가 어떻게 변하는 지 잘 살펴보세요.

낮과 밤의 길이가 같아지는 춘분은 어떤 의미가 있을까요?

　천문대에 근무하다 보면 가끔 경찰서에서 전화가 옵니다. 경찰서와 천문대, 별로 관련이 없어보이지요. 그런데 왜 경찰서에서 천문대로 전화를 하는 것일까요? 천문대에서 특별한 범죄가 일어나는 것은 아닐 것이고, 범죄와 천문대 어떠 연관이 있을까요? 네, 중요한 연관이 있습니다. 바로 낮 시간을 알기 위해서입니다.

　폭행 사건이 일어난 시간이 밤이냐 낮이냐에 따라 처벌되는 정도가 다릅니다. 밤에 폭행을 하면 낮에 한 것에 비해 더 무거운 벌을 받습니다. 경찰서에서 천문대로 전화를 하는 이유의 대부분은 바로 범죄가 일어난 시간이 낮이었느냐 밤이었느냐를 알기 위해서랍니다.

　그러면 낮과 밤의 차이가 무엇일까요?

　환하게 보이면 낮이고 어두워지면 밤일까요?

　정확한 정답은 아닙니다.

박명 시간

해가 뜨기 전이나 해가 진 후 하늘에 빛이 희미하게 남아있는 현상으로 상층대기에서 태양빛을 반사, 산란하여 발생한다. 태양이 지평선 아래로 내려갈수록 어두워지는데, 밝은 순서에 따라 상용박명, 항해박명, 천문박명으로 구분한다.

지속시간은 위도와 계절에 따라 다르며, 극지방에서는 몇 시간 동안 지속되기도 한다.

낮과 밤의 기준은 바로 태양입니다. 태양이 지평선 위로 올라와 있으면 낮이고, 지평선 아래로 지면 바로 밤이 되는 것입니다. 해가 졌다고 바로 어두워지는 것은 아니기 때문에 밤이라도 주위가 밝게 보이는 시간이 있습니다. 이 시간을 흔히 **박명 시간**이라고 합니다. 보통은 해가 지고 약 30 정도가 지나야 주위가 좀 어두워졌다는 것을 느끼게 됩니다. 그리고 완전히 어두워져서 별이 총총히 보일 때까지는 1시간에서 1시간 30분 정도의 시간이 필요합니다.

낮과 밤의 길이가 같다는 것은 바로 해가 떠 있는 시간과 져 있는 시간이 같다는 뜻입니다. 즉, 낮과 밤의 길이가 대략 12시간 쯤 된다는 것이지요. 이것은 지구의 자전축이 해를 향해 남쪽이나 북쪽 어느 쪽으로도 기울어지지 않을 때입니다. 태양이 지구의 북극이나 남극 어디로도 기울어지지 않으려면 당연히 태양은 지구의 적도 위에 있어야겠지요. 춘분은 바로 봄철에 태양이 지구의 적도 위에 있을 때를 말하는 것입니다. 그러면 추분은 당연히 가을에 태양이 지구의 적도 위에 있을 때겠지요.

달력 속의 정보

자, 주위에서 달력을 찾아 자세히 보세요.

달력에는 어떤 정보가 있을까요? 먼저 그 해와 달을 뜻하는 년과 월이 표시되어 있습니다.

그리고 일요일부터 토요일까지의 요일이 나오고, 그 아래 매일 매일의 날이 적혀져 있을 것입니다. 큰 글씨로 나오는 날을 양력이라고 하고, 그 아래나 옆에 작게 음력이 적혀져 있을 것입니다.

초등학교 고학년 정도면 달력을 읽고 이해하는 데는 특별한 문제가 없겠지요. 그런데 달력에 적혀 있는 이런 숫자나 요일은 어떤 의미가 있을까요? 그것은 바로 해와 달, 그리고 지구에 관련된 천문학적인 정보라는 것을 알고 있나요?

달력은 간단하게 말해서 지구와 태양, 그리고 달의 위치를 표시한 천

황도

지구의 공전 운동으로 인해 천구상에서 태양이 움직이는 것처럼 보이게 되는데, 이러한 태양의 운동 경로를 황도라고 한다. 태양은 이 경로를 따라 서쪽에서 동쪽으로 움직여간다. 한편, 황도면은 천구의 적도와 약 23.5도 기울어져 있는데, 이것은 지구의 자전축이 23.5° 기울어져 있기 때문이며 황도면은 실제로는 지구의 공전궤도면에 해당한다.

문학적인 위치표입니다. 양력이라고 하는 것은 태양의 위치를 말합니다. 그러니까 지구가 태양을 공전하기 때문에 매일 매일 태양의 위치가 변하는데 그 위치를 날짜로 표시한 것이 바로 양력입니다. 마찬가지로 음력은 달의 위치입니다. 달이 지구를 공전하기 때문에 매일 매일 하늘에서의 달의 위치가 변하는데 그 위치를 날짜로 나타낸 것이 음력입니다. 그러니까 달력에 나오는 양력과 음력 정보를 정확히 이해하면 매일매일 해와 달이 하늘의 어느 지점에 있는 가를 알 수 있겠지요.

자, 그럼 이제부터 본격적으로 달력에 나오는 정보를 자세히 알아보기로 하겠습니다.

일년이라는 것은 지구가 태양을 한바퀴 돌아서 다시 원래의 위치로 돌아왔을 때까지 걸리는 시간을 뜻합니다. 이 것은 지구에서 볼 때 태양이 별들 사이를 움직이다가 다시 원래 위치로 돌아왔을 때까지의 시간이지요. 태양이 하늘에서 별들 사이로 움직이는 길을 가리켜서 **황도**라고 부릅니다. 황도라고 하면 복숭아를 생각하는 친구들도 있을텐데요, 여기서 말하는 황도는 태양이 지나는 길이라는 뜻입니다. 태양은 노란색의 별이기 때문에 노란색을 뜻하는 한자 황(黃)과 길을 뜻하는 도(道)를 합쳐서 황도라고 하는 것입니다. 달력에 있는 각 날짜는 바로 황도 위에 있는 하나의 지점을 나타냅니다. 날짜가 간다는 것은 실제로는 태양이 황도 위의 각 지점을 이동해 간다는 것과 같은 뜻입니다. 태양은 1년 동안 이 황도를 지나서 다시 원래의 위치로 돌아오는데, 이때 걸리는 시간은 대략 365.25일입니다. (좀 더 정확히 하면 365.2422일입니다.) 그러니까 1년의 길이는 약 365.25일이 되는 것이지요. 그런데 달력에는 1년을 365일로 표시하고 있지요. 그러면 실제 1년과 달력에 있는 1년과는 얼마나 차이가 날까요? 그렇지요. 매년 약 0.25일씩 달력이 실제 1년과 차이가 나게 되지요. 이 차이는 4년이 지나면 하루(0.25 × 4 = 1)가 되기 때문에 4년마다 2월을 29일로 해서 1년을 366일로 하는 윤년을 만드는 것입니다.

그런데 1년의 길이가 정확히 365.25일이 아니라 365.2422일이기 때문에 시간이 흐르면 여기서도 오차가 생기게 되지요. 그래서 좀 더 긴 시간에는 좀 더 복잡한 방법으로 윤년을 정하기도 합니다.

그러면 이제 서기 2005년이라는 뜻을 아시겠지요. 서기 2005년은 우리가 기준으로 삼은 해부터 지구가 태양을 2005번째 도는 해라는 뜻입니다. 서기 1년은 기독교에서 정한 예수님이 태어나신 해입니다.

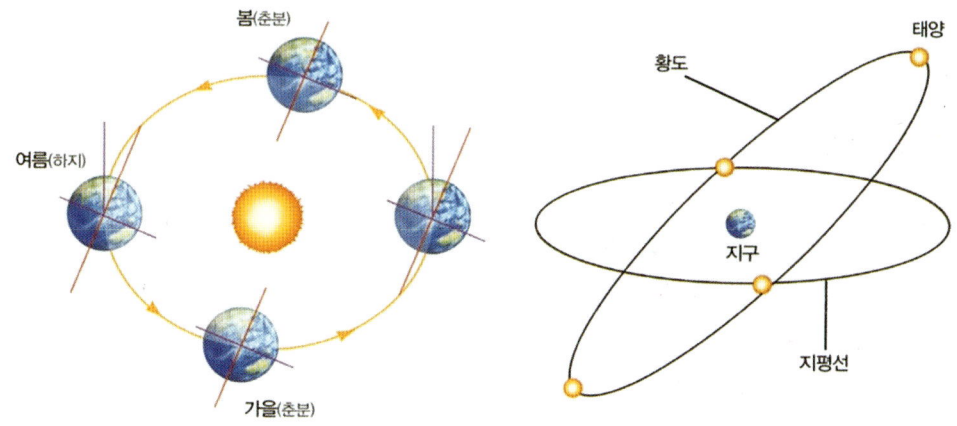

별의별 우주견문록

2 두 번째 여행

재미있는 달력 상식

음력에서 양력을 쓰게 된 이유

기원전 48년 로마의 지배자였던 율리우스 카이사르(시저)가 이집트를 정복하면서부터 우리가 오늘날 쓰고 있는 태양력의 기원이 시작됩니다. 이집트는 세계에서 처음으로 해를 기준으로 한 달력을 사용한 나라입니다. 이집트는 지금으로부터 거의 6천년 전부터 1년을 365일 12달로 하는 달력을 만들어 사용했습니다. 이집트가 이렇게 태양력을 사용할 수 있었던 것은 나일강의 범람이 큰 역할을 했습니다. 나일강은 매년 일정한 시기에 범람을 했고, 그 시기를 정확히 예측하여 농사를 짓는 것이 이집

시리우스

큰개자리에서 가장 밝은 청백색의 별. 하늘에서 볼 수 있는 가장 밝은 별로, 밝기는 -1.46등급이고, 지구에서의 거리는 8.7광년이다. 백색왜성과 쌍성을 이루고 있다.

트인들에게는 매우 중요한 일이었습니다. 나일강의 범람을 가장 정확하게 알려주었던 것은 바로 밤하늘에서 가장 밝게 빛나는 별, **시리우스**였습니다. 큰개자리의 으뜸별인 시리우스는 나일강의 별로도 불려졌는데, 이 별이 해뜨기 직전 동쪽 하늘에 떠오를 때가 바로 나일강의 범람이 시작되는 시기였습니다. 이집트 인들은 시리우스가 새벽하늘에 등장하는 때를 기준으로 1년이 365일이고, 4년에 하루 정도 오차가 생긴다는 것을 알게 되었습니다. 그 결과 이집트인들은 시리우스가 떠오를 때를 1월 1일로 정하고 세계 최초로 가장 정확한 태양력을 만들어 사용하게 되었던 것입니다.

로마 제국의 최고 지배자였던 시저가 기원전 48년 이집트의 알렉산드리아를 정복했을때만 해도 로마는 달을 기준으로 하는 음력을 사용하고 있었습니다. **시저**는 약 8달 동안 알렉산드리아에 머물면서 이집트의 여

시저
고대 로마의 정치가이자 군인으로 갈리아를 정복했으며 B.C 49~46년의 내전에서 승리해 독재관이 되어 정치적·사회적 개혁을 추진하였으나 귀족들에게 암살되었다.
카이사르는 기원전 45년에 로마력을 태양력인 율리우스력으로 개정하였는데, 이 달력은 2월을 제외한 달을 모두 31일로 정하고 4년마다 윤년을 두는 등 이전에 있던 번거로움을 한꺼번에 해소하였다. 오늘날 서양에서 사용하는 그레고리력은 교황 그레고리우스 13세가 율리우스력을 약간 개량해서 만든 태양력이다.

클레오파트라
고대 이집트의 프톨레마이오스 왕조 최후의 여왕으로 한때 왕위를 빼앗겼으나 카이사르의 도움으로 잃었던 왕위를 회복하였다. 뒤에 안토니우스와 결혼하였으나 그들의 해군이 악티움 해전에서 옥타비아누스에게 패하자 스스로 목숨을 끊었다.

왕이었던 **클레오파트라**를 통해 이집트 달력의 정확성에 대해 많은 정보를 얻게 됩니다. 사실 로마의 달력은 음력을 기준으로 했기 때문에 계절과의 오차도 많았고, 1년을 몇 달로 해야 하는 지에 대한 정확한 규칙도 갖고 있지 않았었습니다. 로마에서 1년을 결정하는 것은 사제들의 역할이었습니다.

사제들의 결정에 따라 어떤 해는 음력으로 10달이 되었고, 또 어떤 해는 13달이나 14달이 되기도 했습니다.

사제들이 지배자나 원로원 원로들과의 관계가 좋을 때는 일년을 길게 잡아 임기를 늘여 주었고, 반대로 관계가 나빴을 때는 일년을 짧게 해서 임기를 줄이기도 하였습니다. 정치적인 목적에 따라 일 년의 길이가 변한다는 것은 일반 국민들에게는 매우 불편한 일이었습니다. 달력의 날짜에 따라 미래를 예측하고 농사를 지어야 하는 사람들에게는 달력의 정확성이 무엇보다 중요한 것이었으니까요.

결국 이집트 원정에서 돌아온 시저는 기원전 46년 드디어 달력을 음력에서 양력으로 바꾸는 대대적인 개혁을 시작합니다. 당시 로마 제국의 세력은 거의 전세계에 걸쳐져 있었기 때문에 이 달력의 개혁은 세계 문명 자체를 바꾸는 획기적인 것이었습니다.

12달의 이름

달력에서 달의 의미는 말 그대로 달의 주기에서 비롯된 말입니다. 달이 그믐에서 다음 그믐까지, 보름에서 다음 보름까지 변하는 데 걸리는 시간이 약 29.5일이기 때문에 한달의 크기가 30일 정도로 정해진 것입니다.

현재 우리가 사용하고 있는 1월부터 12월까지를 나타내는 영어 이름은 바로 로마에서 시작된 것입니다. 시저가 새로운 달력을 발표하면서 이 이름은 전세계 달력의 공식 이름이 되었습니다.
그런데 약간의 문제가 있었습니다.

음력을 기준으로 했던 로마에서는 원래 한 해의 첫 달이 3월이었습니다. 봄철에 낮과 밤의 길이가 같아지는 때를 춘분이라고 하는 것을 알고

있지요. 고대에 많은 나라에서는 춘분 무렵을 한 해의 시작으로 생각해서 달력을 만들었습니다.

그래서 한 해의 첫 달인 3월인 영어의 March는 로마 신화에 나오는 전쟁의 신 마르스(Mars)의 이름에서 따온 것입니다. 4월인 April은 미의 여신 아프로디테(Aphrodite)에서 유래된 로마어 아프릴리스(Aprilis)에서, 5월 May는 봄의 여신으로 성장과 번식을 관장했던 마이아(Maia), 6월을 뜻하는 June은 고대 로마의 명문 집안인 주니우스(Junius, 달을 뜻하기도 함)에서 나온 이름입니다.

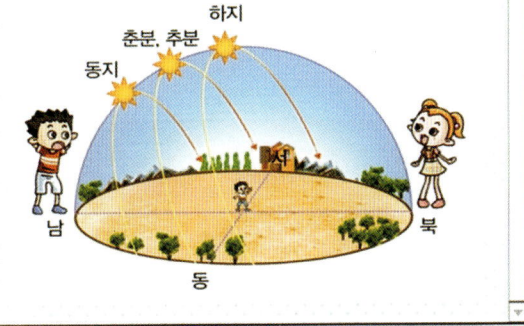

춘분
24절기의 4번째 절기로 3월 21, 22일경이다. 태양이 춘분점(태양이 황도를 따라 천구의 남쪽에서 북쪽으로 지나가면서 적도 부근에서 만나는 지점)에 이르렀을 때는 태양이 적도의 위를 수직으로 비추기 때문에 낮과 밤의 길이가 같아진다. 그러나 실제로는 빛의 굴절 현상 때문에 낮의 길이가 약간 더 길다.

다섯 번째 달부터 열 번째 달까지는 그냥 5부터 10까지를 뜻하는 로마의 숫자 이름이 붙여졌습니다. 5번째 달은 퀸틸리스(Quintilis), 여섯 번째 달은 섹스틸리스(Sextilis), 일곱 번째 달은 셉템버(September), 8번째 달은 옥토버(October), 아홉 번째 달은 노벰버(November), 열 번째 달은 디셈버(December)입니다.

로마 초기의 일년은 이렇게 열 달 이었는데 뒤에 두 달이 더 추가 되었습니다. 열한 번째 달에는 앞 뒤로 두 개의 얼굴을 가진 출입문의 신 야누스(Janus)에서 비롯된 아누아리우스(Januarius), 열두 번째 달에는 부정을 막는 부적을 뜻하는 페브루아(februa)에서 유래된 페브루아리우스(Februarius)란 이름을 붙였습니다.

아우구스투스

로마 제국의 제1대 황제로 본명은 가이우스 옥타비아누스이다. 카이사르가 암살을 당한 뒤 유언에 따라 황제가 되었다. 레피두스, 안토니우스와 삼두 정치를 하다가 악티움 해전에서 안토니우스를 물리치고 마침내 로마 제국을 완전히 장악했다. 후에 원로원으로부터 아우구스투스(존엄자)라는 칭호를 받았다.

그의 통치 기간 중 로마 제국은 안정과 번영을 누렸고, 이 시기는 로마 문학과 건축에 있어서도 황금기를 맞이하였다.

기원전 700년 경부터 쓰여져왔던 로마의 이런 달 이름이 시저가 새로운 달력을 공표할 때도 그대로 적용되었습니다.

시저는 1년을 365일로 만들기 위해 첫달부터 마지막 달까지 31일과 30일을 교대로 오게 했습니다. 다만 당시 마지막 달이었던 지금의 2월은 29일로 하고, 윤년일 때만 30일로 되게 하였습니다.

다만 시저는 한 해의 시작을 3월에서 동지에 가까운 1월로 바꿨습니다. 해가 하늘에서 가장 낮은 남쪽 지점에서 다시 북쪽으로 올라오는 시점을 한해의 시작으로 삼는 것이 더 합리적이라고 생각했기 때문입니다.

뒤에 로마의 원로원은 시저의 공로를 인정해서 다섯 번째 달의 이름을 퀸틸리스(Quintilis)에서 줄리우스(Julius, 오늘날의 July)로 바꿨습니다.

시저가 죽고 난 뒤 로마의 원로원은 로마의 황제였던 **아우구스투스**를 기리기 위해 여섯 번째 달의 이름을 아우구스투스(Augutus)로 다시 고쳤습니다. 이것은 아우구스투스가 여섯 번째 달에 처음으로 로마의 집정관이 되었고, 로마의 내전을 끝낸 것도 이 달이었기 때문에 여섯 번째 달이 황제에게 행운을 준 달이라는 뜻에서였습니다.

그런데 여기서 새로운 문제가 생겼습니다. 시저의 달인 다섯 번째 달은 31일로 큰 달이었는데, 아우구스투스 황제의 달은 30일인 작은 달이었기 때문입니다. 결국 원로원은 아우구스투스 황제의 달을 31일로 바꾸고 그 뒤에 오는 달의 날수를 그에 맞춰서 바꿔버렸습니다. 결국 전체적으로 하루가 늘었기 때문에 2월은 29일에서 28일로 줄어들게 되었습니다.

이후로도 **네로** 황제를 비롯해서 로마의 많은 황제들이 달의 이름에 자신의 이름을 올려놓으려 했지만 결국은 그 왕이 죽은 후에는 사라져 버리곤 해서 널리 사용되지는 못했습니다.

네로

로마 제국의 제5대 황제입니다. 본래 이름은 루키우스 도미티우스 아헤노바르부스이고, 황제가 되어 네로 클라우디우스 카이사르 아우구스투스 게르마니쿠스로 불렸습니다. 로마의 황제들은 카이사르를 이어받은 황제라 해서 이름에 카이사르를 넣었습니다. 폭군으로 잘 알려져 있지만, 그가 황제로 있는 동안 로마의 문화는 크게 발전했습니다. 네로는 자신을 예술가로 생각하여 시·노래·건축 등의 예술을 지원했으며, 지금도 그 당시에 세워진 화려한 건축물이 남아 있습니다.

일주일은 왜 7일일까요?

월, 화, 수, 목, 금, 토, 일 일주일을 나타내는 이 이름들은 모두 태양계의 천체들을 뜻합니다. 월요일은 달, 화요일은 화성, 수요일은 수성, 목요일은 목성, 금요일은 금성, 토요일은 토성, 당연히 일요일은 태양을 뜻하지요. 그런데 왜 일주일을 7일로 나누었을까요? 옛날 사람들은 해와 달, 그리고 맨눈으로 볼 수 있는 다섯 개의 행성들이 돌아가며 하루씩 날을 지배하고 있다고 생각했습니다. 그래서 이 일곱 개의 천체들로 일주일을 만든 것입니다.

그런데 그 순서는 어떻게 정해졌을까요? 그것은 조금 복잡하게 만들어졌습니다.

이 순서를 이해하기 위해서는 먼저 고대인들이 생각하고 있었던 태양계의 순서를 알아야 합니다. 고대인들은 토성, 목성, 화성, 태양, 금성, 수성, 달, 지구의 순으로 천체들이 움직이고 있다고 생각했습니다. 지구가 우주의 중심이라고 생각했던 이 우주론을 천동설이라고 하지요. 훗날 코페르니쿠스에 의해 지구가 태양 둘레를 돌고 있다는 지동설이 나오기까지는 아주 오랜 세월이 걸렸습니다.

자, 그럼 이제부터 각 요일의 순서가 어떻게 정해졌는지를 알아보겠습니다. 고대인들은 하루하루를 태양계의 천체들이 지배하고 있다고 믿었던 것처럼 하루의 시간도 각 천체들이 지배한다고 생각했습니다. 그래서 달이 지배하는 날은 첫 번째 시간이 달의 시간부터 시작됩니다. 물론 태양이 지배하는 날의 첫 번째 시간도 태양의 시간으로부터 시작되지요.

달이 지배하는 날은 월요일이니까 월요일의 1시는 달의 시간인 것입니다. 자, 고대인들이 생각했던 천체들의 순서를 다시 기억하세요. 토성, 목성, 화성, 태양, 금성, 수성, 달입니다. 달 다음은 토성이지요. 그러니까 2시는 토성이 됩니다. 이런 식으로 3시는 목성, 4시는 화성, 5시는 태양, 6시는 금성, 7시는 수성, 8시는 다시 달, 9시는 토성, 10시는 목성, 11시는 화성, 12시는 태양, 13시는 금성, 14시는 수성, 15시는 다시 달, 16시는 토성, 17시는 목성, 18시는 화성, 19시는 태양, 20시는 금성, 21시는 수성, 22시는 다시 달, 23시는 토성, 24시는 목성입니다. 25시는 화성인데 하루는 24시간이기 때문에 화성부터는 다음 날이 되어 화요일이 되는 것이지요.

1시	2시	3시	4시	5시	6시
달	토성	목성	화성	태양	금성
7시	8시	9시	10시	11시	12시
수성	달	토성	목성	화성	태양
13시	14시	15시	16시	17시	18시
금성	수성	달	토성	목성	화성
19시	20시	21시	22시	23시	24시
태양	금성	수성	달	토성	목성

정확한 1년의 길이

앞에서 우리는 로마의 지배자였던 율리우스 카이사르(시저)가 기원전 46년 태양을 기준으로 하는 최초의 달력을 공표했다는 것을 배웠습니다. 이 달력을 1년을 365.25일로 해서 4년에 한번씩 윤년을 두는 것으로 이런 달력을 율리우스력이라고 합니다. 그런데 율리우스력은 과연 지구의 1년과 정확히 일치하는 것일까요?

사실은 그렇지 않았습니다. 지구가 태양을 공전하는 데 걸리는 시간은 365.2422일입니다. 따라서 율리우스력에서는 매년 (365.25일 − 365.2422일 = 0.0078일)의 차이가 생기게 됩니다. 1년에 0.0078일(시간으로 나타내면 11분 14초)이 짧은 시간이긴 하지만 128년 정도가 지나면 이 차이가 하루가 됩니다. 따라서 율리우스력을 오랫동안 그대로 사용하는 데는 문제가 있었습니다.

그 오차를 수정하기 위해 1582년 로마 교황 그레고리 13세는 새로운 방식으로 윤년을 두는 달력을 발표했습니다. 이 달력은 1년을 365.2425일로 정하는 것으로 **그레고리력**이라고 부릅니다.

그레고리력

1582년에 로마 교황 그레고리우스 13세가 율리우스력을 고쳐서 만든 태양력이다. 그레고리우스는 율리우스력에 의해 늘어난 10일의 오차를 없애기 위해 1582년 10월 5일부터 14일까지는 건너뛰고, 10월 4일 다음 날을 10월 15일로 한다는 새 역법을 공포하였다. 그레고리력은 오늘날 거의 모든 나라에서 사용하는 세계의 공통 달력이다.

그레고리력은 율리우스력의 오차를 줄이기 위해 4로 나누어지는 해에 윤년을 두는 원칙에서 100으로 나누어지는 해에는 윤년을 두지 않고, 다만 400으로 나누어지는 해에는 윤년을 두게 했습니다. 조금 복잡하지만 이렇게 하면 1년의 길이가 365.2425일이 되어 실제 지구의 공전을 기준으로 하는 1년과의 오차가 (365.2425 - 365.2422 = 0.0003일 = 26초)로 줄어들어 3300년이 지나야 하루의 오차가 생기게 됩니다. 현재 우리가 쓰고 있는 달력이 바로 이 그레고리력입니다.

자, 그럼 그레고리력에 의해 윤년이 어떻게 결정되는 지 한번 예를 들어 설명해볼게요.

2004년은 윤년일까요, 아닐까요? 먼저 2004년이 4로 나누어지는 지를 확인해야겠지요. 2004를 4로 나누면 501이 되기 때문에 윤년이 됩니다. 따라서 2004년 2월은 29일까지 있게 됩니다.

자, 그러면 이번에는 2100년을 볼까요? 2100을 4로 나누면 525가 됩니다. 또 2100은 100으로 나누면 21이 됩니다. 따라서 2100년은 4로 나누어지지만 100으로도 나누어지기 때문에 윤년이 아닙니다. 결국 2100년 2월은 28일까지 있는 것이지요.

끝으로 2000년을 생각해볼게요. 2000은 4로 나누면 500, 100으로 나누면 20, 400으로 나누면 50이 됩니다. 따라서 4로 나누어지고 100으로도 나누어지지만 400으로도 나누어지기 때문에 2000년은 윤년이 되어 2월이 29일까지 있게 됩니다.

여러분도 이제 어느 해가 윤년인지 계산할 수 있겠지요.

다시 한번 정리할게요. 4로 나누어지는 해 중에 100으로 나누어지지 않는 해는 윤년입니다. 4와 100으로 나누어지는 해 중에 400으로 나누어지는 해도 역시 윤년입니다. 다만 4로 나누어지고 100으로 나누어지는 해 중에 400으로 나누어지지 않는 해는 윤년이 아닌 평년이 됩니다.

연습 문제) 1900년, 1992년, 2200년은 각각 윤년일까요 아닐까요?

(정답은 1900년 평년, 1992년 윤년, 2200년 윤년입니다.)
1900년은 4로 나누어지고 100으로 나누어지면서 400으로 나누어지지 않기 때문에 평년입니다. 1992년은 4로 나누어지고 100으로 나누어지지 않기 때문에 윤년, 2000년은 4와 100, 400으로 모두 나누어지기 때문에 윤년입니다.

24절기는 무엇인가요?

우리나라도 조선시대까지 다른 나라들과 마찬가지로 달을 기준으로 하는 음력을 전통적인 달력 체계로 사용해 왔습니다. 지금도 설날이나 추석 같은 고유 명절들은 모두 음력을 사용하고 있지요.

음력은 달의 움직임을 기준으로 한 것이기 때문에 지구의 공전에서 비롯되는 계절의 변화와 일치하지 않는다는 것은 앞의 설명에서 충분히 이해했을 것입니다. 그러면 음력의 사용에서 오는 계절과의 차이를 줄이기 위해 우리의 조상님들은 어떤 방법을 사용했을까요? 그것이 바로 24절기입니다.

하지, 동지 하는 것이 바로 24절기 중의 하나지요. 24절기는 달을 기준으로 한 것이 아니라 태양의 움직임을 기준으로 한 것입니다. 따라서

24절기를 음력으로 알고 있는 것은 잘못된 것입니다.

그러면 24절기는 어떻게 정하는 것일까요? 24절기는 태양의 움직임을 기준으로 한 것이기 때문에 황도를 따라 나누게 됩니다. 즉, 낮과 밤의 길이가 같은 춘분날 태양이 있는 황도의 위치를 기준으로 태양이 움직이는 360도를 24등분한 것이 바로 24절기입니다. 260도를 24로 나누었기 때문에 태양이 황도를 15도 움직일 때마다 새로운 절기가 오게 됩니다. 황도가 나오고 숫자가 나오니까 조금 어렵지요. 오른쪽 그림을 보면서 이해를 해 보기로 해요.

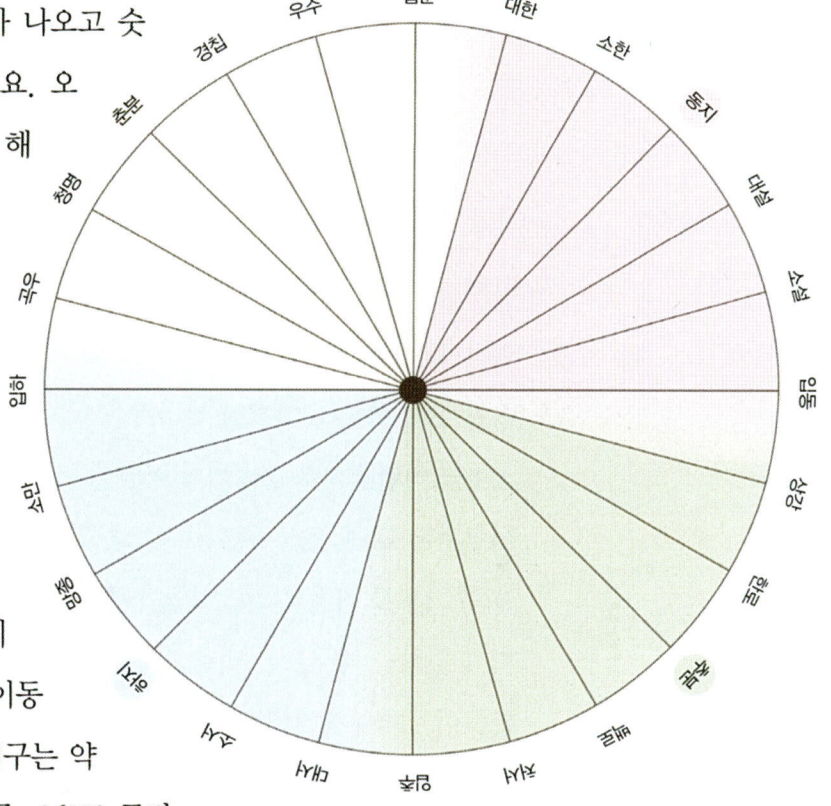

춘분날 태양이 있는 황도 위의 지점을 춘분점이라고 합니다. 날이 가면 지구의 공전 때문에 태양은 황도 위에서 서서히 동쪽으로 이동합니다. 지구가 서쪽에서 동쪽으로 공전하기 때문에 태양도 동쪽으로 이동하는 것처럼 보이니까요. 지구는 약 365일 동안 황도를 한바퀴 즉, 360도 공전하기 때문에 하루에 약 1도 정도 동쪽으로 움직이겠지요. 춘분점에서 90도 떨어진 황도 지점이 바로 하지점입니다. 이 날은 태양이 가장 높게 뜨는 날로 낮이 가장 긴 날이기도 하지요. 춘분점에서

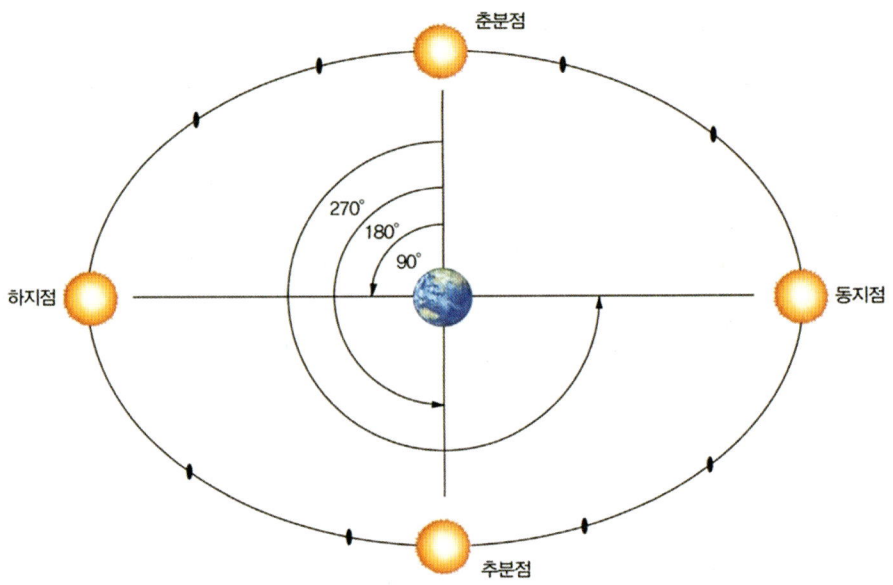

하지점까지는 태양이 90도를 움직여야 하기 때문에 약 세 달 정도가 걸립니다. 이런 식으로 춘분점에서 180도 떨어진 지점이 추분점, 270도 떨어진 곳이 바로 동지점이 됩니다.

조금 어렵겠지만 24절기가 어떤 것인지 좀 더 알아보기로 하겠습니다. 24절기는 고대 중국 주(周)나라 때 화북지방(중국의 북부 지방으로 북경 근처)의 기후를 기초로 만들어졌기 때문에 우리나라의 기후와는 약간의 차이가 있지만 대부분은 비슷하게 맞습니다. 다만 24절기가 한자로 된 이름들이기 때문에 24절기를 정확히 알기 위해서는 이에 해당하는 한자도 함께 익혀두는 것이 좋습니다. 힘들지만 한번 시도해 보세요. 24절기는

24절기

(1) 입춘(立春): 봄이 시작됨. 2월 초순
(2) 우수(雨水): 비가 처음 옴. 2월 하순
(3) 경칩(驚蟄): 겨울잠을 자는 동물이나 벌레들이 깨어 꿈틀거림. 3월 초순
(4) 춘분(春分): 태양이 춘분점에 옴. 3월 하순
(5) 청명(淸明): 중국 황하강의 물이 맑음(날씨가 맑음). 4월 초순
(6) 곡우(穀雨): 봄비가 내려 곡식을 기름지게 함. 4월 하순
(7) 입하(立夏): 여름이 시작됨. 5월 초순
(8) 소만(小滿): 여름 기분이 나기 시작함. 5월 하순
(9) 망종(芒種): 벼이삭 같은 까끄라기가 있는 곡식을 심음. 6월 초순
(10) 하지(夏至): 태양이 황도의 가장 북쪽 지점에 옴. 6월 하순
(11) 소서(小暑): 더워지기 시작함. 7월 초순
(12) 대서(大暑): 몹시 더움. 7월 하순
(13) 입추(立秋): 가을이 시작됨. 8월 초순
(14) 처서(處暑): 더위가 그침. 8월 하순
(15) 백로(白露): 흰 이슬이 내림. 9월 초순
(16) 추분(秋分): 태양이 추분점에 옴. 추분점은 춘분점의 반대되는 지점. 9월 하순
(17) 한로(寒露): 찬 이슬이 내림. 10월 초순
(18) 상강(霜降): 서리가 내림. 10월 하순
(19) 입동(立冬): 겨울이 시작됨. 11월 초순
(20) 소설(小雪): 눈이 오기 시작함. 11월 하순
(21) 대설(大雪): 눈이 많이 옴. 12월 초순
(22) 동지(冬至): 태양이 황도의 가장 남쪽 지점에 옴. 12월 하순
(23) 소한(小寒): 추워지기 시작함. 1월 초순
(24) 대한(大寒): 몹시 추움. 1월 하순

태양을 기준으로 한 것이기 때문에 여기 나오는 월은 양력입니다.

자, 그럼 우리 조상들은 어떻게 음력과 24절기를 대응하여 사용하였을까요? 그것을 알기 위해서는 먼저 음력의 한달이 어떻게 정해지는 가를 알아야 합니다. 음력은 달의 모양이 변하는 것을 기준으로 한다는 것은 이미 알고 있겠지요. 정확히 말한다면 음력의 한달은 합삭(태양과 달, 지구가 일직선이 되어 달이 전혀 보이지 않는 상태)일로부터 다음 합삭 일까지입니다. 그러니까 합삭이 되는 날이 바로 음력 1일, 즉 초하루가 되는 것입니다. 달의 합삭에서 다음 합삭까지의 간격이 29.53일 정도이기 때문에 음력 한달은 대체로 29일과 30일이 반복되어서 나타납니다. 일반적으로 29일인 달을 작은달, 30일인 달을 큰달이라고 합니다.

이제 그럼 다시 24절기로 넘어가서 24절기와 음력이 어떻게 대응하는지를 살펴보기로 하겠습니다. 24절기는 다시 12개의 절기와 12개의 중기로 나누어지는데 음력에서 달의 이름을 정하는 것이 바로 그 달에 든 중기입니다. 그것을 표로 보면 다음과 같습니다.

COOK!COOK! 과학퀴즈

24절기표

월	1	2	3	4	5	6	7	8	9	10	11	12
절기	입춘	경칩	청명	입하	망종	소서	입추	백로	한로	입동	대설	소한
중기	우수	춘분	곡우	소만	하지	대서	처서	추분	상강	소설	동지	대한

즉, 우수가 든 달이 음력 1월이 되는 것이고 하지가 든 달은 5월이 됩니다.

달력을 만들 때 먼저 양력으로 달력을 만들고 태양의 황도 위치에 따라 달력에 24절기를 표시합니다. 그리고 매달 달의 합삭 일을 계산하여 음력 날짜를 달력에 표시합니다. 그리고 음력 각 달에 들어 있는 24절기 중 중기의 이름으로 각 음력 달을 결정합니다.

그런데 약 29.5일을 기준으로 하는 음력 12달은 354일이 되어 실제 1년인 365일보다 약 11일 정도가 짧게 됩니다. 따라서 3년이 지나면 음력과 양력은 33일, 즉 한 달 이상 차이가 나게 되지요. 이 차이를 없애주기 위해 음력에서는 약 3년에 한번(정확하게는 19년에 7번) 꼴로 윤달을 두어 1년을 13달로 합니다.

이때 윤달을 언제로 두느냐가 문제가 될 수 있는 데 이것을 결정하는 것이 바로 24절기입니다. 음력의 달을 결정하는 것이 바로 24절기 중 중기라고 했지요. 그러니까 음력 달 중에 중기가 없는 달이 바로 윤달이 되어 달 이름을 앞 달과 똑같이 쓰게 됩니다. 이것을 조금 어려운 말로 표현하면 무중월(중기가 없는 달)이 윤달이 되는 것이라고 말합니다. 간혹 1년에 두 번의 무중월이 있을 수 있는 데 이 때는 앞 달만 윤달로 합니다.

왜 1월 1일이 겨울에 있나요?

한해의 시작을 언제로 정하느냐는 것은 나라마다 차이가 있었습니다. 최초로 태양력을 만들었던 이집트에서는 나일강의 범람이 시작되는 여름철을 한해의 시작으로 삼았습니다. 반면 로마를 비롯한 유럽의 많은 나라들은 춘분날이 있는 현재의 3월을 한해의 첫 달로 정했습니다. 물론 우리나라를 비롯한 동양에서는 음력 1월인 정월이 한해의 시작이었구요. 현재의 1월 1일이 한해의 시작이 된 것은 율리우스 시저가 새로운 달력을 발표하면서부터입니다. 시저는 태양이 남쪽에서 북쪽으로 올라오기 시작하는 동지 이후의 첫 달을 한해의 시작으로 삼았습니다.

하루가 시작되는 시간은 처음부터 자정이었나요?

하루가 시작되는 시간의 기준도 한해의 기준과 마찬가지로 나라마다 각기 틀렸습니다. 사람들은 해가 뜨고 지는 것에 맞춰서 생활을 했지만 하루의 시작 시간은 무엇으로 날짜를 세느냐에 따라 정해지기도 했습니다. 달을 기준으로 날짜를 세었던 민족들에서는 해가 지는 때를 기준으로 하루의 시작 시간을 정했습니다. 해가 지면 하루가 바뀌고 새날이 오는 것이었지요. 반대로 해를 날짜의 기준으로 삼았던 이집트와 같은 나라에서는 해가 뜨는 새벽에 하루가 시작되었습니다. 이외에 아라비아나 터키, 로마인들은 한밤중을 하루의 시작 시간으로 정해서 사용했습니다. 우리나라도 오래전부터 자정을 하루의 시작 시간으로 정해 사용해 왔습니다.

해시계를 만들어보면 시간이 정확하게 맞지 않는데 그 이유는?

학교에서 해시계를 만드는 실험을 해 본 친구들도 있을 것입니다. 하지만 시간을 정확하게 맞추기가 쉽지 않을 것입니다. 그 이유는 해가 가장 높이 떠서 그림자가 가장 짧아지는 시간을 정오로 정해서 해시계를 만들었기 때문입니다. 사실 해가 제일 높이 뜨는 시간은 일정하지 않습니다. 우리나라에서는 평균적으로 12시 30분 경에 해가 제일 높이 뜨는데, 지구의 공전 속도가 일정하지 않기 때문에 그것도 매일 매일 조금씩 틀립니다. 어떤 날은 12시 10분 경에 해가 제일 높이 뜨기도 하고, 또 어떤 날은 12시 50분이 다되어서 제일 높이 뜨기도 합니다. 정확한 해시계를 만들기 위해서는 먼저 해가 제일 높이 뜨는 시간(태양의 남중 시간)을 알아야 합니다. 물론 이 시간은 국가 기관인 천문연구원의 홈페이지(www.kao.re.kr)을 통해 확인해 볼 수 있습니다. 한가지 확실한 것은 해의 그림자가 가장 짧아졌을 때가 바로 해가 남중했을 때이고, 이때 그림자가 가리키는 방향이 정확히 북쪽이라는 것입니다.

우리나라에서는 언제부터 양력을 사용했나요?

우리나라에서 공식적으로 양력을 국가의 달력으로 사용한 것은 1896년 1월 1일부터입니다. 당시 고종황제는 1895년 음력 11월 17일을 조선 개국 505년(1896년) 양력 1월 1일로 하는 달력의 개혁을 단행했습니다. 하지만 서기 ****년 하는 식의 서기 연호를 공식적으로 쓰기 시작한 것은 1962년부터입니다. 일제시대 때는 일본의 연호를 사용하였고, 해방 이후에는 단기를 공식적으로 사용하였었습니다.

하루가 점점 길어지고 있다는데 사실인가요?

지금으로부터 1억 년 전 공룡이 살던 시대에는 지금보다 하루가 훨씬 짧았습니다. 공룡이 짧은 하루 동안 그 큰 몸집을 움직여 먹이를 찾으러 다녔다는 것을 생각한다면 공룡이 꽤 부지런했어야 할 것 같지요. 지구의 자전 속도는 현재 100년에 0.5초 정도 느려지고 있습니다. 이것은 달의 중력 때문에 나타나는 현상인데 앞으로 수십억 년 정도가 지나면 지구의 하루는 거의 한달 수준이 될 것입니다.

가장 정확하게 시간을 재는 방법은 무엇이나요?

처음 시간의 기준은 지구의 자전이었습니다. 지구가 한바퀴 자전하면 하루가 지나고 24시간이 지나는 것이었습니다. 그런데 지구의 자전 속도가 서서히 길어진다는 것이 알려지고 난 후에는 지구의 공전이 시간의 기준이 되었습니다. 즉 1년을 365.242199일로 삼은 것이 시간의 기준이 되었습니다. 그 후 20세기에 들어와서 원자의 진동수를 정확하게 측정하게 되면서 원자시계가 시간의 기준이 되었습니다. 세슘원자는 1초에 9,192,631,770번 진동하는 것으로 측정되었고, 이것이 시간의 기준이 되었습니다. 즉, 현재는 1년의 정의가 365.242199년이 아니라 세슘 원자가 290,091,200,500,000,000번(29경91조2천5억 번으로 읽음) 진동하는 기간을 말합니다.

달력의 개정으로 없어진 날이 있다고 하던데요?

1582년 10월 5일부터 10월 14일까지는 역사상 없는 날입니다. 1582년 로마 교황이었던 그레고리 13세는 율리우스력의 오차를 수정하기 위해 새로운 달력 체계를 발표하였는데 그 해의 춘분점을 3월 21일에 고정하기 위해서 그전 달력에서 10일을 뺄 수밖에 없었습니다. 바뀐 그레고리력에 의해서 1582년 10월 4일 다음날은 10월 15일이 되었고, 그해의 10월 5일부터 14일까지는 역사상 없는 날이 되고 말았습니다. 1582년 10월 4일 밤 사람들은 역사상 가장 긴 10일 동안의 잠을 잔 것이 된 것입니다.

여름에는 덥고, 겨울에는 추운 정확한 이유는 무엇인가요?

많은 사람들이 여름에 지구와 태양의 거리가 가까워져서 덥다고 생각하지만 그것은 잘못된 생각입니다. 지구와 태양 사이의 거리는 여름인 7월 초순에 가장 멀고 반대로 1월 초순에 가장 가까워집니다. 하지만 그 차이가 크지 않기 때문에 거리 때문에 계절의 변화가 오지는 않습니다.

계절적으로 여름이 덥고 겨울이 추운 이유는 햇볕의 양이 차이가 나기 때문입니다. 여름에는 해가 높이 뜨고, 낮 시간이 길기 때문에 햇볕의 양이 많아져서 덥게 되고, 겨울에는 해가 떠 있는 시간이 짧고 또한 해의 고도도 낮기 때문에 햇볕의 양이 적어져서 춥게 됩니다. 이렇게 낮의 길이와 해의 고도가 차이가 나는 이유는 지구의 자전축이 기울어져 있기 때문입니다. 지구는 약 23.5도 정도 기울어진 채로 공전을 하기 때문에 여름에는 해가 북쪽으로 23.5도 더 올라오게 되고, 겨울에는 남쪽으로 23.5도 더 내려가게 됩니다. 이런 이유로 낮의 길이와 해의 고도가 틀려져서 계절의 변화가 오는 것입니다. 만약 지구가 기울어져서 돌지 않는다면 지구에는 계절의 변화가 없을 것입니다.

우리나라의 4대 명절은 어떻게 정해지나요?

우리나라의 전통적인 4대 명절은 설날, 한식, 단오, 추석으로 이들은 모두 음력을 기준으로 정해졌습니다. 이중 설날과 추석은 음력 1월 1일과 8월 15일로 국가 공휴일이기 때문에 어린이 여러분도 잘 알고 있을 것입니다.

한식은 동지 다음날부터 105일째 되는 날로 보통 4월 5일이나 6일이 됩니다. 한식은 차가운 음식을 먹는 날로 이 무렵 공기가 건조하여 화재가 발생하기 쉽게 때문에 하루 종일 불을 금하는 풍습에서 시작된 명절입니다. 현재 한식은 식목일과 거의 일치하여 쉬는 날이 되었는데, 많은 사람들이 이날 조상의 묘를 찾아 제사를 지내고 성묘를 합니다.

세 번째 명절인 단오는 음력 5월 5일로 쑥으로 떡을 만들어먹고 창포로 머리를 감는 풍습이 있었습니다. 또한 단오에는 많은 사람들이 모여 그네뛰기나 씨름으로 축제를 벌이기도 했습니다.

부활절(Easter), 핼로윈데이(Halloween day), 추수감사절(Thanksgiving day)은 어떻게 정해지나요?

부활절은 기독교에서 예수님의 부활을 기념하는 날로 매년 조금씩 날짜가 틀립니다. 부활절은 양력과 음력을 함께 따져주는데 춘분날(3월 21일 무렵) 뒤에 오는 보름달(음력 15일) 다음에 오는 일요일이 부활절입니다. 2009년의 경우는 3월 20일이 춘분이고, 4월 10일이 보름이기 때문에 그 다음에 오는 일요일인 4월 12일이 부활절이 됩니다.

핼로윈데이는 양력으로 10월 31일입니다. 원래는 영국에서 음력 10월 마지막 그믐날 모든 악귀를 떨쳐버리기 위해 벌였던 축제가 그 기원입니다. 현재는 기독교에서 정한 '모든 성인의 날'인 11월 1일 바로 전날 유령과 악귀를 쫓아내기 위한 축제로 자리 잡았습니다.

추수감사절은 기독교의 축제일로 추수에 대해 감사하는 날입니다. 이 날은 나라마다 조금씩 차이가 있는데 미국에서는 1941년부터 11월 넷째 목요일로 정하고 있으며, 우리나라 교회에서는 11월 셋째 일요일을 추수감사절로 삼고 있는 경우가 많습니다.

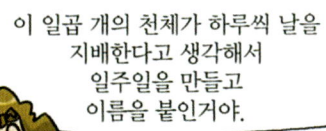